AF589826

C.

Complément du PETIT SOLFÉGE MÉLODIQUE d'ÉDOUARD BATISTE

A M. Ambroise Thomas
DE L'INSTITUT
PROFESSEUR DE COMPOSITION AU CONSERVATOIRE, COMMANDEUR DE LA LÉGION D'HONNEUR

INTRODUCTION
AUX TRAITÉS D'HARMONIE ET AUX GRANDS SOLFÉGES D'ENSEMBLE DU CONSERVATOIRE
PAR
CHERUBINI, CATEL, MÉHUL, GOSSEC, LANGLÉ, ETC.

PETIT SOLFÉGE
HARMONIQUE

À LA PORTÉE DES PLUS JEUNES VOIX
RENFERMANT
65 EXEMPLES HARMONIQUES AVEC LEUR THÉORIE
ET
105 Leçons-Exercices à 2, 3 et 4 voix égales, divisés en trois Livres

BIBLIOTHÈQUE IMPÉRIALE

— 1er LIVRE —
65 Exemples harmoniques avec leur théorie et 50 Exercices à 2, 3 et 4 voix
SUR
LES ACCORDS CONSONNANTS ET DISSONNANTS, LEURS RENVERSEMENTS, LEURS PRÉPARATIONS ET LEURS RÉSOLUTIONS, LES TONALITÉS, LES MOUVEMENTS ET MARCHES HARMONIQUES, LES CADENCES, RETARDS, ALTÉRATIONS, ANTICIPATIONS, PÉDALES, NOTES DE PASSAGE, APPOGGIATURES, SYNCOPES, ENHARMONIE, ETC.

Prix net : 6 francs.

2e LIVRE
30 LEÇONS À 2 & 3 VOIX ÉGALES
SUR
Tous les intervalles majeurs et mineurs et leurs diverses modifications, employés diatoniquement ou chromatiquement.
PRIX NET : 5 FR.

3e LIVRE
25 LEÇONS À 2 VOIX ÉGALES
DANS
Tous les tons majeurs et mineurs et toutes les mesures simples ou composées usitées dans la musique moderne.
PRIX NET : 5 FRANCS.

PAR

ÉDOUARD BATISTE

Professeur de Solfège individuel et collectif au Conservatoire
Organiste du grand Orgue de Saint-Eustache et Directeur-Professeur de la Société chorale du Conservatoire

LES 2e ET 3e LIVRES, SANS ACCOMPAGNEMENT, ÉDITION POPULAIRE, NET : 2 FR.

PARIS
AU MÉNESTREL, 2 BIS, RUE VIVIENNE
HEUGEL & Cie
ÉDITEURS DES SOLFÉGES ET MÉTHODES DU CONSERVATOIRE

AU MÉNESTREL

Propriété pour la France et l'Étranger. — Droits de reproduction et de traduction réservés pour tous pays

1868

Vm8 22

Deux MÉDAILLES de Première Classe à l'Exposition Universelle de 1867

SECTION DE L'ENSEIGNEMENT, CLASSE 89.

Paris, en vente AU MÉNESTREL, 2 bis, rue Vivienne. — HEUGEL et Cie, Éditeurs

SOLFÉGES DU CONSERVATOIRE

PAR

CHERUBINI, CATEL, GOSSEC, MÉHUL, LANGLÉ, ETC.

NOUVELLE ÉDITION

Rendue plus progressive, avec doubles Notes, Leçons transposées et accompagnement de PIANO ou ORGUE d'après la basse chiffrée

PAR **ÉDOUARD BATISTE**

Professeur de Solfége individuel et collectif au Conservatoire, Organiste du grand Orgue de Saint-Eustache, Directeur-Professeur de la Société chorale du Conservatoire.

Ier LIVRE. — INTRODUCTION AUX SOLFÉGES DU CONSERVATOIRE

PETIT SOLFÉGE MÉLODIQUE, THÉORIQUE ET PRATIQUE

ÉLÉMENTAIRE, PROGRESSIF ET A LA PORTÉE DES PLUS JEUNES VOIX

PAR ÉDOUARD BATISTE

Renfermant 100 leçons mélodiques et progressives, précédées des principes de musique et accompagnées de 50 tableaux-types résumant toutes les difficultés vocales et rhythmiques de la lecture musicale.

Petit Solfége in-8°, avec acc^t Piano ou Orgue, net.. 8 fr.
1re Édition populaire in-8° (grosses notes), sans accompagnement, net.......... 3
2e Édition populaire (petites notes), en trois livres, comprenant le petit solfége et les Tableaux de lecture musicale, à l'usage des Orphéons, Lycées et Séminaires, chaque livre, in-8° oblong, net...... 1

Les 50 tableaux de lecture musicale, avec acc^t, grand format in-4° oblong (grosses notes) pour les classes de six à dix élèves, net.......... 5 fr.
Édition populaire des 50 tableaux, sans acc^t, in-8° oblong (petites notes; net.......... 2 50
Reproduction géante des 50 tableaux, avec appareil p^r les classes des orphéons, lycées, séminaires; net.. 100 fr.

SOLFÉGES DU CONSERVATOIRE par CHERUBINI, CATEL, MÉHUL, GOSSEC, LANGLÉ, etc., avec acc^t de Piano ou Orgue par Édouard BATISTE

2e LIVRE
EXERCICES ET LEÇONS
ÉLÉMENTAIRES, PREMIER DEGRÉ
In-8°, avec Piano ou Orgue, net : 5 fr.
Grand format, basse chiffrée, net : 5 fr.

3e LIVRE
SOLFÉGES PROGRESSIFS
DANS TOUS LES TONS
In-8°, avec Piano ou Orgue, net : 10 fr.
Grand format, basse chiffrée, net : 10 fr.

4e LIVRE
SOLFÉGES D'ARTISTE
D'UNE DIFFICULTÉ PROGRESSIVE
In-8°, avec Piano ou Orgue, net : 10 fr.
Grand format, basse chiffrée, net : 10 fr.

5e LIVRE
SOLFÉGES D'ENSEMBLE
A DEUX, TROIS ET QUATRE VOIX
In-8°, avec Piano ou Orgue, net : 10 fr.
Grand format, basse chiffrée, net : 10 fr.

6e LIVRE
LEÇONS ET SOLFÉGES
DES PRÉCÉDENTS LIVRES SUR TOUTES LES CLEFS
In-8°, avec Piano ou Orgue, net : 10 fr.
Édition populaire, sans acc^t, net : 3 fr.

7e ET 8e LIVRES
SOLFÉGES DE CHERUBINI
SUR TOUTES CLEFS ET A CHANGEMENTS DE CLEFS
In-8°, avec Piano ou Orgue, ch., net : 10 fr.
Grand format, basse chiffrée, ch., net : 10 fr.

9e LIVRE.
SOLFÉGES POUR BASSE
(BARYTON OU CONTRALTO)
In-8°, avec Piano ou Orgue, net : 10 fr.
Édition populaire, sans acc^t, net : 3 fr.

10e LIVRE.
SOLFÉGES DE CHERUBINI
POUR SOPRANO OU TÉNOR
Leçons célèbres transcrites, clef de *sol*,
In-8°, avec Piano ou Orgue, net : 10 francs.

11e ET 12e LIVRES.
SOLFÉGES D'ITALIE
AVEC PIANO OU ORGUE, PAR ÉD. BATISTE
1er vol. in-8°, baryt. ou contralto, net : 5 fr.
2e vol. in-8°, ténor ou soprano, net : 5 fr.

— INTRODUCTION AUX GRANDS SOLFÉGES D'ENSEMBLE ET AUX TRAITÉS D'HARMONIE DU CONSERVATOIRE. —

PETIT SOLFÉGE HARMONIQUE EN TROIS LIVRES, PAR ÉD. BATISTE.

1er LIVRE.
65 exemples d'harmonie, avec leur théorie.
50 Exercices-Leçons, à 2, 3 et 4 voix, sur les différents accords et tous les premiers éléments de l'harmonie.
Prix net : 6 fr.

2e LIVRE.
30 Leçons, à 2 et à 3 voix égales, sur tous les intervalles, majeurs et mineurs, et leurs diverses modifications employées diatoniquement et chromatiquement.
Prix net : 5 fr.

3e LIVRE.
25 Leçons (avec résumé), à 2 voix égales dans tous les tons, majeurs et mineurs, et toutes les mesures, simples et composées, usitées dans la musique moderne.
Prix net : 5 fr.

(Les 2e et 3e livres, sans accompagnement, édition populaire, net : 2 fr.)

ÉDITION PANSERON, **SOLFÉGE RODOLPHE**, avec accompagnement de piano ou orgue, par **ÉD. BATISTE.**
Un volume in-8°, avec accompagnement, net : 8 fr. — Grand format, édition-typographique Duverger, avec basse chiffrée, net : 5 francs.

GRANDE MÉTHODE DE CHANT DU CONSERVATOIRE

Contenant les Principes du chant, des Exercices pour la voix, des Vocalises tirées des meilleurs ouvrages anciens et modernes, et des Morceaux dans tous les mouvements et les différents caractères

Par CHERUBINI, GARAT, GOSSEC, MÉHUL, MENGOZZI, PLANTADE, etc., — En deux volumes in-8°, chacun, net : 12 francs

PETITE MÉTHODE DE CHANT
In-8°. Net : 8 fr.
(DÉVELOPPEMENT PROGRESSIF DE LA VOIX)

ÉCRITES PAR
Mme CINTI-DAMOREAU
POUR SES CLASSES DE CHANT DU CONSERVATOIRE (1)

GRANDE MÉTHODE D'ARTISTE
In-4° jésus. Net : 20 fr.
(PERFECTIONNEMENT DE L'ART DU CHANT)

CATEL
TRAITÉ D'HARMONIE
Complété par LEBORNE
Net : 10 fr.

CHERUBINI
TRAITÉ pratique d'HARMONIE
MARCHES D'HARMONIE
Net : 12 fr.

DOURLEN
TRAITÉ D'ACCOMPAGNEMENT
PRATIQUE
Net : 10 fr.

CHERUBINI
GRAND TRAITÉ DE FUGUE
ET DE CONTREPOINT
Net : 20 fr.

J. CATRUFO, Traité des voix et des instruments. — G. KASTNER, Cours d'instrumentation et Supp^t-Sax.
Net : 5 fr. — (Approuvés par le Conservatoire.) — Net : 15 fr.

(1) *N. B.* Sont également publiées au *Ménestrel* les méthodes et vocalises de DUPREZ, BRUNI, BANDERALI, CONSUL, GARCIA, DANZI, MAZZI, PAULIN, VALENTI; les etudes et collections classiques du PIANO et les méthodes instrumentales du Conservatoire.

CONSERVATOIRE IMPÉRIAL DE MUSIQUE ET DE DÉCLAMATION

PETIT SOLFÉGE HARMONIQUE

PAR

ÉDOUARD BATISTE

5825

— DIVISÉ EN TROIS LIVRES —

Le comité des études musicales du Conservatoire, après avoir examiné les trois livres du *Petit Solfége Harmonique*, d'Édouard Batiste, comprenant : 1° 65 exemples harmoniques, avec leur théorie, et 50 exercices-leçons, à 2, 3 et 4 voix égales, sur les différents accords et les premiers éléments de l'harmonie; 2° 30 leçons, à 2 et 3 voix égales, sur tous les intervalles majeurs et mineurs, et leurs modifications; 3° 25 leçons, à 2 voix égales, dans tous les tons majeurs ou mineurs, mesures simples et composées; approuve cet ouvrage pour l'enseignement complémentaire du solfége. Les élèves y trouveront une excellente préparation aux grands Solféges d'ensemble de Cherubini, Méhul, Catel, Gossec, ainsi qu'à l'étude de l'harmonie, reconnue si indispensable à l'éducation musicale des chanteurs et des instrumentistes.

Le Comité a constaté la bonne facture des leçons, leur harmonie correcte et l'excellence des accompagnements, toutes choses d'une si grande valeur dans l'enseignement de la musique.

Conçu sur un nouveau plan essentiellement pratique et traitant avec lucidité des éléments de l'harmonie, le *Petit Solfége Harmonique* de M. Édouard Batiste est appelé à rendre d'importants services, non-seulement aux classes élémentaires du Conservatoire, mais aussi aux autres écoles et aux orphéons, en initiant les élèves à l'étude logique et raisonnée de la musique chorale, qui a pris, depuis quelques années, un si grand développement en France.

Signé : **AUBER**, de l'Institut, directeur du Conservatoire, *président;*
AMBROISE THOMAS et **HENRI REBER**, de l'Institut, professeurs de composition;
VICTOR MASSÉ, professeur de composition;
FRANÇOIS BAZIN, professeur d'harmonie et accompagnement;
F. BENOIST, professeur d'orgue et d'improvisation;
ÉMILE PERRIN, GEORGE HAINL, DAUVERNÉ, J. B. WEKERLIN.

A. DE BEAUPLAN, *commissaire impérial.*

Le Secrétaire du Conservatoire, **ALF. DE BEAUCHESNE.**

DE L'ENSEIGNEMENT DE LA MUSIQUE EN FRANCE

L'introduction réglementaire du chant dans nos lycées et séminaires, l'incessante création d'orphéons dans nos départements, ont donné une telle impulsion à l'enseignement de la musique en France, qu'il n'est pas sans intérêt de reproduire les deux rapports du Comité des études du Conservatoire : le premier concernant la complète réédition des solféges classiques de Cherubini, Méhul, Catel, Gossec; le second relatif au petit solfége et aux tableaux de lecture musicale de M. Édouard Batiste, adoptés comme indroduction aux solféges du Conservatoire. Tous les professeurs (classes réunies) se sont unanimement associés aux termes de ces rapports, en proclamant l'importance absolue de bons solféges en matière d'enseignement musical.

CONSERVATOIRE IMPÉRIAL DE MUSIQUE ET DE DÉCLAMATION

SOLFÉGES DU CONSERVATOIRE, PAR CHERUBINI, MÉHUL, CATEL, GOSSEC, LANGLÉ, ETC.

Le Comité des études musicales du Conservatoire Impérial de musique de Paris ne pouvait voir sans intérêt la réédition des célèbres Solféges, qui ont été et resteront la base de l'enseignement de la musique dans cette École. Il a donc examiné dans ses moindres détails la nouvelle publication des Solféges de nos grands maîtres CHERUBINI, MÉHUL, CATEL, GOSSEC, etc., publiée par M. J. L. Heugel, avec le concours de M. Édouard Batiste, professeur au Conservatoire, qui fut, pendant longues années, l'accompagnateur des examens et des concours. Les traditions de ces Solféges classiques étaient familières à M. Édouard Batiste; il l'a prouvé dans sa remarquable réalisation, pour piano ou orgue, des basses chiffrées. Ce travail, exécuté avec autant de conscience que de talent, permettra aux élèves comme aux professeurs d'accompagner avec leur véritable harmonie les Solféges du Conservatoire, rendus aussi plus pratiques, plus progressifs, au moyen de transpositions et de doubles notes destinées à en faciliter l'étude à toutes les voix.

Les meilleures leçons des *Solféges d'Italie* ont trouvé leur place dans la nouvelle édition des Solféges du Conservatoire, car l'étude du solfége ne doit point se borner à former des lecteurs, elle doit aussi préparer des chanteurs, ainsi que le proclament avec tant d'autorité nos illustres maîtres CHERUBINI, MÉHUL, CATEL et GOSSEC, dans leur instruction préliminaire, pour le développement et la conservation de la voix.

Le Comité des études a remarqué que l'éditeur ne s'était point seulement préoccupé d'une nouvelle et très-correcte reproduction des Solféges du Conservatoire, mais que ses soins s'étaient également portés sur l'amélioration des éditions primitives, sans aucune modification des textes et basses chiffrées. Les jeunes artistes pourront donc comparer les deux éditions et faire une étude approfondie de la basse chiffrée, au point de vue de l'harmonie pratique.

En conséquence, le Comité des études approuve et adopte pour les classes la nouvelle reproduction des Solféges du Conservatoire, dont l'éditeur a su conserver et améliorer les éditions primitives.

Signé : AUBER, de l'Institut, *Directeur du Conservatoire, Président;*

AMB. THOMAS, de l'Institut, professeur de composition; H. REBER, de l'Institut, professeur de composition; GEORGES KASTNER, de l'Institut; ÉMILE PERRIN, directeur de l'Opéra; FRANÇOIS BAZIN, professeur d'harmonie et accompagnement; F. BENOIST, professeur d'orgue et d'improvisation.

DAUVERNÉ, PRUMIER, J. B. WEKERLIN.

Le Commissaire impérial, ÉDOUARD MONNAIS. *Le Secrétaire,* ALF. DE BEAUCHESNE.

INTRODUCTION AUX SOLFÉGES DU CONSERVATOIRE

PETIT SOLFÉGE MÉLODIQUE ET TABLEAUX DE LECTURE MUSICALE, DE M. ÉDOUARD BATISTE.

Le comité des études musicales du Conservatoire Impérial de musique de Paris a examiné avec intérêt le *Petit Solfége théorique et pratique*, écrit par M. Édouard BATISTE, comme introduction aux *Solféges du Conservatoire.* Ce petit solfége et les tableaux de lecture musicale qui en sont l'atlas indispensable, bien que conçus à l'intention des plus jeunes voix et des classes tout à fait élémentaires, se font remarquer par des exercices et des leçons mélodiques d'une irréprochable facture, par des accompagnements intéressants et purement écrits. Les principes de la musique y sont soigneusement exposés; les gammes majeures et mineures, ainsi que les modulations, sont présentées et définies avec une grande clarté. Toutes les combinaisons rhythmiques des différentes mesures se trouvent développées dans les tableaux de M. Édouard BATISTE avec un ordre et dans une progression qui témoignent d'une laborieuse et patiente expérience de l'enseignement. Enfin la reproduction (grand format) des tableaux en permettra l'introduction dans les classes d'ensemble des Orphéons, Lycées et Séminaires.

Le comité des études approuve donc, comme introduction aux Solféges du Conservatoire, le ***Petit Solfége et les tableaux de lecture musicale*** de M. Édouard BATISTE.

(Suivent les signatures ci-dessus.)

Les bons solféges étant d'une importance absolue en matière d'enseignement musical, les membres de la section de musique de l'Institut et les professeurs au Conservatoire, après avoir examiné la nouvelle édition des solféges de CHERUBINI, CATEL, GOSSEC, MÉHUL, ainsi que le petit solfége et les tableaux de lecture musicale de M. ÉDOUARD BATISTE, s'associent unanimement à l'approbation motivée du comité des études du Conservatoire.

Les Membres de la section de musique de l'Institut :

M. CARAFA. H. BERLIOZ. CH. GOUNOD.

Les Professeurs au Conservatoire Impérial de musique et de déclamation :

Classes de composition et d'harmonie. — MM. VICTOR MASSÉ, ELWART, E. GAUTIER, A. SAVARD, J. DUPRATO, Mme DUFRESNE.

Classes de chant. — MM. CH. BATAILLE, GIULIANI, GROSSET, LAGET, MASSET, PAULIN-LESPINASSE, RÉVIAL et VAUTHROT

Déclamation lyrique — MM. COUDERC, CH. DUVERNOY, LEVASSEUR et MOCKER.

Classes d'ensemble. — MM. JULES COHEN, J. PASDELOUP. — **Etude des rôles.** — MM. H. POTIER.

Classes de solféges. — MM. Non ALKAN, DANHAUSER, ÉMILE DURAND, H. DUVERNOY, ÉMILE GILLETTE, LEBEL, TARIOT, Mmes BARLES, DOUMIC-ST-ANGE, HERSANT, MAUCORPS-DELSUC, MERCIÉ-PORTE, ROULLE et TARPET-LECLERC.

Classes instrumentales. — MM. ALARD, ANTHIOME, BAILLOT (René), CHEVILLARD, COKKEN, CROHARÉ, DANCLA (Ch.). DIEPPO, DORUS, FRANCHOMME, HERZ (Henri), KLOSÉ, LABRO, LE COUPPEY, MARMONTEL, MATHIAS, MASSART, MOHR, EUG. SAUZAY et TRIÉBERT; Mmes FARRENC, JOUSSELIN, PHILIPPON-ROUGET DE LISLE et ÉMILE RÉTY.

Classes d'élèves militaires (annexées **au Conservatoire**).

MM. ARBAN, FORESTIER, JONAS et AD. SAX.

Ont également approuvé : MM. VICTOR MAGNIEN, MÉRIEL, AUG. MOREL, ED. MOUZIN et BRESSLER, directeurs des succursales du Conservatoire : Lille, Toulouse, Marseille, Metz et Nantes.

MON PETIT SOLFÉGE HARMONIQUE

AVANT-PROPOS

Ce petit Solfége harmonique n'est pas un *Traité d'harmonie* et ne saurait en avoir la prétention. Il a simplement pour but de préparer les élèves à la musique d'ensemble, en leur faisant comprendre, dès les premiers pas, les lois qui régissent les intervalles et les accords entre eux, les principes qui constituent les mouvements harmoniques dans leur ensemble comme dans leurs parties intermédiaires.

Il m'a paru indispensable, avant de faire chanter aux élèves des exercices ou leçons à 2, 3 et 4 voix, de leur donner au moins un aperçu des éléments constitutifs de l'*harmonie*, tout comme nous avons analysé dans notre petit Solfége mélodique les éléments constitutifs de la *mélodie*. Ce *petit Solfége harmonique* sera donc une excellente préparation non-seulement aux remarquables Solféges d'ensemble du Conservatoire (5e livre), mais aussi aux cours d'harmonie que les élèves pourront être appelés à suivre plus tard. On comprendra l'impossibilité de graduer absolument la difficulté des exercices et leçons des trois livres de ce *petit Solfége harmonique*, et plus encore celle de réunir dans le même livre toutes les déductions pratiques de la théorie du premier. C'est au professeur qu'il appartiendra de diriger l'étude, en empruntant aux 2e et 3e livres les leçons de nature à reposer l'élève des exercices du 1er livre ou à venir en aide à ces exercices comme application. Ainsi, par exemple, il va sans dire que les leçons du 2e livre, sur tous les intervalles majeurs et mineurs, diminués et augmentés, trouveront leur place naturelle au 1er livre, dans l'étude des accords formés desdits intervalles. Il en sera de même pour les leçons du 3e livre, qui sont appelées à compléter et à développer les exercices du 1er et 2e. Pour assigner à chaque leçon sa véritable place *graduée*, il eut fallu abandonner le plan général de chacun des livres de ce *petit Solfége harmonique*, et c'eut été là un inconvénient bien plus grave, surtout si l'on tient compte de l'habileté relative des élèves à *solfier*, quand ils aborderont ce *petit Solfége harmonique* destiné à compléter mon *petit Solfége mélodique*, et conséquemment à en être précédé.

Dans cet ouvrage, les leçons et les exercices écrits pour voix égales s'adressent aux institutions qui n'offrent généralement que des voix de *soprano* et de *contralto*, ou aux orphéons qui ne reçoivent que des voix d'hommes.

Il faudra, par conséquent, se mettre en garde contre la réunion de ces diverses voix, réunion qui amènerait dans l'exécution des leçons, par la nature des voix d'hommes et des voix de femmes ou d'enfants, à des renversements d'intervalles souvent défectueux. L'étude vocale d'ensemble pour les différents genres de voix trouvera son application spéciale dans le 5e livre du Conservatoire, dont ce petit Solfége est l'introduction. Toutefois dans ces leçons élémentaires, les voix de femmes ou d'enfants pourront doubler les ténors une octave au-dessous, tout comme les voix de basse pourront doubler les contraltos.

Les 105 leçons ou exercices de ce petit Solfége se meuvent dans un diapason restreint qui permettra *aux plus jeunes voix* de les chanter sans fatigue, et surtout d'en pouvoir exécuter alternativement toutes les parties.

Le professeur devra donc, pour arriver à une étude fructueuse et à une bonne exécution :

1° Faire chanter à *l'unisson*, par tous les élèves, chaque partie séparément, avant de passer à l'ensemble.

2° Faire chanter alternativement, dans l'ensemble, les diverses parties à chaque fraction de groupe.

Cela est d'autant plus nécessaire que beaucoup d'élèves, au début des études musicales, éprouvent une grande difficulté à chanter une seconde partie ou une partie intermédiaire, la voix et l'oreille ayant grande tendance à aller rejoindre la partie supérieure qui, par son dessin souvent plus mélodique, est d'une exécution moins difficile. D'ailleurs, exiger de l'élève qu'il chante alternativement les diverses parties d'une leçon à plusieurs voix, c'est le familiariser avec les diverses sonorités et combinaisons harmoniques. Or, il importe, en musique d'ensemble, non-seulement de s'écouter, mais aussi d'écouter les autres. C'est le seul moyen de développer en soi le sentiment de l'harmonie, de se rendre un compte exact de la marche des accords, de leurs préparations et de leurs résolutions. Sans cette patiente et intelligente solidarité des voix, on ne peut produire que de mauvaise musique chorale.

Un détail d'une extrême importance, et que l'on ne saurait trop recommander à l'élève, c'est la Ponctuation musicale, c'est-à-dire l'art de respirer aux endroits indiqués par le sens musical de la phrase, alors que cette phrase présente, dans son ensemble ou dans ses différentes périodes, un repos momentané ou définitif. Dans cet ouvrage, les respirations sont indiquées par des virgules ou des silences, et l'on devra les observer rigoureusement.

Il faudra aussi que l'élève s'habitue à bien émettre la voix et qu'il tienne compte des nuances indiquées en chantant. Une leçon de solfége à une ou plusieurs voix, est un morceau de chant où les noms des notes remplacent, jusqu'à un certain point, les paroles. On devra donc s'attacher, indépendamment de la justesse des intonations et de l'exactitude du rhythme, à chanter avec expression et style; puis l'élève vocalisera, sur la voyelle A, chaque leçon après l'avoir solfiée.

C'est ainsi que l'on arrive, par de bonnes études de Solfége, à former le goût avec la voix, en développant le sentiment musical qui transforme l'élève, et lui permet de devenir un artiste chanteur ou instrumentiste, car les instruments chantent comme les voix.

En écrivant cet ouvrage, et en donnant la classification des accords, j'ai employé les dénominations admises au Conservatoire et par la presque totalité des théoriciens, sans m'arrêter à ce qu'il pouvait y avoir de logique ou d'ingénieux dans d'autres systèmes; j'ai voulu, en parlant le langage scientifique presque universellement usité, être plus facilement compris du professeur, et n'imposer aucun système, ni aucun traité lorsque l'élève fera un véritable cours d'harmonie. En fait, la théorie de nos meilleurs livres d'enseignement, discutable à bien des points de vue, ne sera jamais que chose secondaire dans un art aussi mobile et aussi essentiellement pratique que celui de la musique; chaque jour cette théorie serait à refaire ou à modifier si on voulait suivre les progrès réalisés, les nouvelles découvertes faites ou à faire, et tenir compte du système de chaque école, de l'impression de chaque professeur. C'est par de bonnes leçons pratiques, soigneusement écrites et bien classées, qu'un livre d'enseignement se recommande réellement, en musique, aux élèves comme aux professeurs, et c'est à ces derniers qu'il appartient d'en modifier la théorie selon leurs aptitudes et surtout celles de leurs élèves.

Ceci dit et entendu, j'ose espérer que ce petit Solfége harmonique partagera la faveur accordée à mon petit Solfége mélodique et à mes 50 tableaux-types de Lecture musicale, ouvrages que le comité des études du Conservatoire impérial de Musique a approuvés pour servir d'introduction aux admirables Solféges du Conservatoire, et que le Jury de la classe 89 de l'Exposition universelle, section de l'enseignement, a bien voulu récompenser, en m'attribuant une médaille de 1re classe, à laquelle je ne pouvais prétendre, puisque, personnellement, je n'avais pas eu l'honneur d'exposer.

ÉDOUARD BATISTE,

Professeur de Solfége individuel et collectif au Conservatoire,

Organiste du grand orgue de Saint-Eustache, Directeur-Professeur de la Société chorale du Conservatoire,

PETIT SOLFÉGE HARMONIQUE

PAR

ÉDOUARD BATISTE

TABLE DES SOIXANTE-CINQ EXEMPLES DU PREMIER LIVRE

(AVEC LA THÉORIE DES PREMIERS ÉLÉMENTS DE L'HARMONIE)

AVANT-PROPOS ET PRINCIPES ÉLÉMENTAIRES

PETIT SOLFÉGE HARMONIQUE

PAR

ÉDOUARD BATISTE

Table des 50 Exercices ou Leçons à deux, trois et quatre voix du premier Livre

FIN DU 1er LIVRE DU PETIT SOLFÉGE HARMONIQUE

PETIT SOLFÉGE HARMONIQUE

PAR

ÉDOUARD BATISTE

Table des 55 Leçons à deux et à trois voix égales des deuxième et troisième Livres

2e LIVRE

25 LEÇONS À DEUX VOIX ET 5 À TROIS VOIX

SUR

Tous les intervalles majeurs ou mineurs et toutes leurs modifications

Pages.

3e LIVRE

25 LEÇONS À DEUX VOIX

DANS

Tous les tons majeurs et mineurs et sur toutes les mesures usitées

Pages.

FIN DES 2e ET 3e LIVRES

DU

PETIT SOLFÉGE HARMONIQUE

1999. Paris. -- Typ. Morris et Comp., rue Amelot, 64.

Solféges du Conservatoire : 2 Médailles de 1re classe à l'Exposition universelle de 1867

A M. D. F. E. Auber

DE L'INSTITUT
DIRECTEUR DU CONSERVATOIRE IMPÉRIAL DE MUSIQUE, GRAND OFFICIER DE LA LÉGION D'HONNEUR

INTRODUCTION AUX GRANDS SOLFÉGES DU CONSERVATOIRE
DE CHERUBINI, CATEL, MÉHUL, GOSSEC, ETC.

— 1er LIVRE —

PETIT SOLFÉGE
MÉLODIQUE

A LA PORTÉE DES PLUS JEUNES VOIX
RENFERMANT
CENT LEÇONS MÉLODIQUES ET PROGRESSIVES, PRÉCÉDÉES DES PRINCIPES DE MUSIQUE
ET ACCOMPAGNÉES DE
50 Tableaux-Types résumant les Difficultés vocales et rhythmiques
DE LA LECTURE MUSICALE
PAR

ÉDOUARD BATISTE

Professeur de Solfége individuel et collectif au Conservatoire
Organiste du grand Orgue de Saint-Eustache et Directeur-Professeur de la Société chorale du Conservatoire

PRIX NET DE CE PREMIER LIVRE DES SOLFÉGES DU CONSERVATOIRE

Un Volume in-8°, avec Orgue ou Piano, net : 8 francs

PETIT IN-8°, 1re ÉDITION POPULAIRE, SANS ACCOMPAGNEMENT (GROSSES NOTES), NET : 3 FRANCS

In-8° oblong, **2e édition populaire** (**Petites notes**), en 3 livres, comprenant le Petit Solfége mélodique et les Tableaux de lecture musicale, à l'usage des Orphéons, Lycées et Séminaires, Chaque livre, net : **1** fr.

LES 50 TABLEAUX-TYPES DE LECTURE MUSICALE

GRAND IN-4°, FORMAT OBLONG (GROSSES NOTES), NET : 5 FRANCS
(Pour les classes de six à douze élèves)

REPRODUCTION GÉANTE, POUR LES CLASSES D'ORPHÉONS, LYCÉES, SÉMINAIRES, ETC.
(Avec appareil, Net : 100 francs)

Les 2e, 3e, 4e, 5e, 7e et 8e Livres des SOLFÉGES DU CONSERVATOIRE, format in-8°, avec accnt de Piano ou Orgue
Prix net : 5 et 10 fr. — Grand format, avec la basse chiffrée, prix net : 5 et 10 fr.
Les 6e, 9e, 10e, 11e et 12e Livres, format in-8°, avec accompagnement de piano ou orgue, net : 10 fr. et 5 fr.
Editions populaires du 6e livre sur toutes les clefs, et du 9e livre, pour voix de basse, sans accnt, net : 3 fr.

PARIS
AU MÉNESTREL, 2 BIS, RUE VIVIENNE
HEUGEL & Cie
ÉDITEURS DES SOLFÉGES ET MÉTHODES DU CONSERVATOIRE
PROPRIÉTÉ POUR LA FRANCE ET L'ÉTRANGER — DROITS DE TRADUCTION RÉSERVÉS

Deux MÉDAILLES de Première Classe à l'Exposition Universelle de 1867

SECTION DE L'ENSEIGNEMENT, CLASSE 89.

Paris, en vente **AU MÉNESTREL, 2 bis, rue Vivienne. — HEUGEL et Cie, Éditeurs**

SOLFÉGES DU CONSERVATOIRE

PAR

CHERUBINI, CATEL, GOSSEC, MÉHUL, LANGLÉ, ETC.

NOUVELLE ÉDITION

Rendue plus progressive, avec doubles Notes, Leçons transposées et accompagnement de PIANO ou ORGUE d'après la basse chiffrée

PAR **ÉDOUARD BATISTE**

Professeur de Solfége individuel et collectif au Conservatoire, Organiste du grand Orgue de Saint-Eustache, Directeur-Professeur de la Société chorale du Conservatoire.

1er LIVRE. — INTRODUCTION AUX SOLFÉGES DU CONSERVATOIRE

PETIT SOLFÉGE MÉLODIQUE, THÉORIQUE ET PRATIQUE

ÉLÉMENTAIRE, PROGRESSIF ET A LA PORTÉE DES PLUS JEUNES VOIX

PAR ÉDOUARD BATISTE

Renfermant 100 leçons mélodiques et progressives, précédées des principes de musique et accompagnées de 50 tableaux-types résumant toutes les difficultés vocales et rhythmiques de la lecture musicale.

Petit Solfége in-8°, avec accᵗ Piano ou Orgue, net. . 8 fr.
1re Édition populaire in-8° (grosses notes), sans accompagnement, net. 3
2e Édition populaire (petites notes), en trois livres, comprenant le petit solfége et les Tableaux de lecture musicale, à l'usage des Orphéons, Lycées et Séminaires, chaque livre, in-8° oblong, net. 1

Les 50 tableaux de lecture musicale, avec accᵗ, grand format in-4° oblong (grosses notes) pour les classes de six à dix élèves, net. . . . . 5 fr.
Édition populaire des 50 tableaux, sans accᵗ, in-8° oblong (petites notes); net. 2 50
Reproduction géante des 50 tableaux, avec appareil pʳ les classes des orphéons, lycées, séminaires; net. . 100 fr.

SOLFÉGES DU CONSERVATOIRE par CHERUBINI, CATEL, MÉHUL, GOSSEC, LANGLÉ, etc., avec accᵗ de Piano ou Orgue par Édouard BATISTE

2e LIVRE
EXERCICES ET LEÇONS
ÉLÉMENTAIRES, PREMIER DEGRÉ
In-8°, avec Piano ou Orgue, net : 5 fr.
Grand format, basse chiffrée, net : 5 fr.

3e LIVRE
SOLFÉGES PROGRESSIFS
DANS TOUS LES TONS
In-8°, avec Piano ou Orgue, net : 10 fr.
Grand format, basse chiffrée, net : 10 fr.

4e LIVRE
SOLFÉGES D'ARTISTE
D'UNE DIFFICULTÉ PROGRESSIVE
In-8°, avec Piano ou Orgue, net : 10 fr.
Grand format, basse chiffrée, net : 10 fr.

5e LIVRE
SOLFÉGES D'ENSEMBLE
A DEUX, TROIS ET QUATRE VOIX
In-8°, avec Piano ou Orgue, net : 10 fr.
Grand format, basse chiffrée, net : 10 fr.

6e LIVRE
LEÇONS ET SOLFÉGES
DES PRÉCÉDENTS LIVRES SUR TOUTES LES CLEFS
In-8°, avec Piano ou Orgue, net : 10 fr.
Édition populaire, sans accᵗ, net : 3 fr.

7e ET 8e LIVRES
SOLFÉGES DE CHERUBINI
SUR TOUTES CLEFS ET A CHANGEMENTS DE CLEFS
In-8°, avec Piano ou Orgue, ch., net : 10 fr.
Grand format, basse chiffrée, ch., net : 10 fr.

9e LIVRE.
SOLFÉGES POUR BASSE
(BARYTON OU CONTRALTO)
In-8°, avec Piano ou Orgue, net : 10 fr.
Édition populaire, sans accᵗ, net : 3 fr.

10e LIVRE.
SOLFÉGES DE CHERUBINI
POUR SOPRANO OU TÉNOR
Leçons célèbres transcrites, clef de *sol*,
In-8°, avec Piano ou Orgue, net : 10 francs.

11e ET 12e LIVRES.
SOLFÉGES D'ITALIE
AVEC PIANO OU ORGUE, PAR **ÉD. BATISTE**
1er vol. in-8°, baryt. ou contralto, net : 5 fr.
2e vol. in-8°, ténor ou soprano, net : 5 fr.

— INTRODUCTION AUX GRANDS SOLFÉGES D'ENSEMBLE ET AUX TRAITÉS D'HARMONIE DU CONSERVATOIRE. —

PETIT SOLFÉGE HARMONIQUE EN TROIS LIVRES, PAR ÉD. BATISTE.

1er LIVRE.
65 exemples d'harmonie, avec leur théorie. 50 Exercices-Leçons, à 2, 3 et 4 voix, sur les différents accords et tous les premiers éléments de l'harmonie.
Prix net : 6 fr.

2e LIVRE.
30 Leçons, à 2 et à 3 voix égales, sur tous les intervalles, majeurs et mineurs, et leurs diverses modifications employées diatoniquement et chromatiquement.
Prix net : 5 fr.

3e LIVRE.
25 Leçons (avec résumé), à 2 voix égales dans tous les tons, majeurs et mineurs, et toutes les mesures, simples et composées, usitées dans la musique moderne.
Prix net : 5 fr.

Les 2e et 3e livres, sans accompagnement, édition populaire, net : 2 fr.)

ÉDITION PANSERON, **SOLFÉGE RODOLPHE**, avec accompagnement de piano ou orgue, par **ÉD. BATISTE.**
Un volume in-8°, avec accompagnement, net : 8 fr. — Grand format, édition-typographique Duverger, avec basse chiffrée, net : 5 francs.

GRANDE MÉTHODE DE CHANT DU CONSERVATOIRE

Contenant les Principes du chant, des Exercices pour la voix, des Vocalises tirées des meilleurs ouvrages anciens et modernes, et des Morceaux dans tous les mouvements et les différents caractères

Par CHERUBINI, GARAT, GOSSEC, MÉHUL, MENGOZZI, PLANTADE, etc., — En deux volumes in-8°, chacun, net : 12 francs

PETITE MÉTHODE DE CHANT
In-8°. Net : 8 fr.
(DÉVELOPPEMENT PROGRESSIF DE LA VOIX)

ÉCRITES PAR
Mme CINTI-DAMOREAU

GRANDE MÉTHODE D'ARTISTE
In-4° jésus. Net : 20 fr.
(PERFECTIONNEMENT DE L'ART DU CHANT)

POUR SES CLASSES DE CHANT DU CONSERVATOIRE (1)

[illegible]ATEL
TRAI[illegible] D'HARMONIE
Com[illegible] par LEBORNE
N[illegible] : 10 fr.

CHERUBINI
TRAITÉ pratique d'HARMONIE
MARCHES D'HARMONIE
Net : 12 fr.

DOURLEN
TRAITÉ D'ACCOMPAGNEMENT
PRATIQUE
Net : 10 fr.

CHERUBINI
GRAND TRAITÉ DE FUGUE
ET DE CONTREPOINT
Net : 20 fr.

J. CATRUFO, Traité des voix et des instruments. — **G. KASTNER**, Cours d'instrumentation et Suppᵗ-Sax.
Net : 5 fr. — (Approuvés par le Conservatoire.) — Net : 15 fr.

(1) [illegible] les méthodes et vocalises de [illegible], GARCIA, [illegible] et les méthodes instrumentales du Conservatoire.

INSTRUCTION PRÉLIMINAIRE

(De l'édition primitive des Solfèges du Conservatoire)

POUR LE DÉVELOPPEMENT ET LA CONSERVATION DE LA VOIX

Nous avons placé en tête des solféges du Conservatoire, comme premier livre, les principes élémentaires de la musique. Ces principes sont nécessaires à ceux qui ignorent entièrement cet art, et qui veulent le connaître (1).

L'instruction que nous donnons ici, et qui concerne spécialement les professeurs de solfége, leur trace la méthode qu'ils doivent suivre pour obtenir des résultats heureux dans la partie de l'enseignement qui leur est confiée. Il ne faut pas que ces professeurs se bornent à enseigner les principes de la musique. Ce n'est point assez que les élèves sachent lire et solfier couramment toutes sortes de solféges. S'il est important d'en faire, par ce moyen, des musiciens, il ne l'est pas moins de cultiver de bonne heure leurs dispositions naturelles, afin qu'un jour ils puissent être de bons chanteurs, ou jouer avec sentiment et goût d'un instrument quelconque, si la nature leur a refusé la voix.

En musique, les instruments chantent comme les voix. Les moyens seuls diffèrent; mais l'accent musical se trouve toujours chez l'artiste habile qui chante avec la voix ou le violon, avec le basson ou le hautbois. Supposons qu'une partie des élèves se destine au chant, et l'autre aux instruments. Si les chanteurs ont une bonne voix, si ceux qui jouent des instruments en ont une mauvaise ou une médiocre, il faut, qu'animé du même zèle et s'intéressant également à tous ses élèves, le professeur de solfége empêche, par ses instructions, les bonnes voix de se gâter, et les voix défectueuses de devenir plus mauvaises encore; mais surtout il doit donner indistinctement à tous les principes de goût, d'élégance et de grâce dont le style se compose, et d'où résulte l'accent musical.

C'est pendant les leçons du solfége, cette première étude de la musique, qu'on doit ébaucher le talent d'un élève, afin de le préparer à recevoir les dernières instructions qui viendront le perfectionner. Dès que l'élève aura surmonté les premières difficultés de l'école, il faudra le diriger d'après la méthode que nous allons indiquer. Si un élève, à qui la nature a accordé de l'intelligence, ne montre que peu de talent au sortir de l'école, c'est la faute du professeur de solfége. Toutes les difficultés et imperfections possibles ne doivent pas rebuter celui-ci, ni vaincre sa patience, ni éteindre l'amour-propre légitime qui naît en lui de l'intérêt qu'il prend à ses élèves et aux progrès qu'il leur verra faire, si dans son enseignement il suit la méthode qu'on va tracer.

1. Lorsque les élèves solfient ou vocalisent, il faut, par une attention continuelle, leur faire toujours émettre le volume entier de la voix, en les empêchant constamment de crier et d'attaquer les sons par saccades.

2. Il est important de choisir les solféges qui conviennent à la voix de chacun, c'est-à-dire d'éviter qu'ils soient trop hauts pour les voix bornées à l'aigu, ou trop bas pour les voix limitées au grave; mais comme on ne doit pas les exercer toujours sur les mêmes leçons, il sera nécessaire de transposer de temps en temps celles

(1) Ce premier livre des *Solféges du Conservatoire*, exclusivement consacré aux principes de musique, se trouve aujourd'hui remplacé ou complété par un *Petit Solfége théorique et pratique*, qui renferme tous les principes présentés d'une manière plus élémentaire et appliqués aux plus jeunes voix, au moyen de cent petites leçons progressives, précédées de 50 tableaux-types résumant toutes les difficultés vocales et rhythmiques de la lecture musicale. Cette indispensable introduction aux solféges du Conservatoire est due à M. Édouard Batiste, professeur de solfége individuel et collectif au Conservatoire, et directeur-professeur de la Société chorale du Conservatoire.

dont la mélodie dépasserait l'étendue de leur voix (1).

3. Dès que l'élève commence à se fatiguer, il faut qu'il cesse de chanter, de crainte que l'épuisement de ses forces ne nuise à ses moyens. On peut alors le faire solfier en nommant simplement les notes, mais toujours en mesure. On ne saurait assez recommander aux élèves de pratiquer chez eux cette manière de solfier, qui, d'ailleurs, est favorable au moment de la mue; à cette époque, les élèves ne doivent former aucun son (2).

4. Il est essentiel d'accoutumer de bonne heure un élève à distinguer si le son qu'il entonne est trop haut ou trop bas, et de lui laisser, autant qu'il est possible, le soin de se corriger lui-même. Cette méthode est propre à former l'oreille.

5. Il faut faire sans cesse attention à ce que l'élève, en solfiant, articule et prononce distinctement chaque note. Ce soin ne sera pas perdu pour lui. L'articulation, l'exacte prononciation des notes amène la prononciation des paroles, si nécessaire au chanteur, si agréable à ceux qui l'écoutent.

6. Le maître doit former le goût de tous ses élèves, cultiver leurs voix, surtout la voix de ceux qui se destinent au chant. On leur donnera pour cela un aperçu de la manière d'employer la voix à l'égard d'un son prolongé autant et plus que la durée d'une mesure. On les fera chanter avec grâce, en liant légèrement les sons entre eux par ce qu'on appelle PORT DE VOIX, mais sans affectation, et d'une manière qui ne soit pas traînante. On leur enseignera, autant qu'il sera possible, tous les agréments du chant qui se rencontreront dans les solféges. Enfin on leur apprendra à phraser le chant et à nuancer les phrases.

7. Dans le son prolongé, on doit émettre la voix très-faiblement, en augmenter le volume par degrés jusqu'à la moitié de la valeur de la note, et le diminuer ensuite progressivement, de manière qu'à la fin il se trouve aussi faible qu'au commencement.

8. Quant aux moyens de porter les sons, c'est-à-dire de les lier ensemble, il faut, à l'égard de ceux qui montent ou descendent par degrés conjoints, ne jamais faire taire la voix en passant d'un son à un autre, à moins qu'il ne soit indiqué que les sons doivent être détachés.

Pour ceux qui montent ou descendent par intervalles, il faut entre eux une liaison fort légère, et qui anticipe, en quelque sorte, la note à laquelle on veut arriver.

Exemple :

Le MI double croche, dans la mesure où se trouve le port de voix, doit être détaché du MI blanche qui suit, et à peine articulé. Ce premier MI doit être prononcé sous le nom de SOL. La même remarque a lieu pour le second exemple.

9. De tous les agréments du chant, celui qui est le plus à la portée de l'élève, C'EST LA PETITE NOTE sur laquelle nous allons particulièrement fixer son attention. Les autres agréments demandent une étude à part, trop difficile, et prématurée pour des commençants. Toutefois, nous le répétons, il faut que les élèves exécutent aussi bien qu'ils le pourront, sans forcer leurs moyens, tous les agréments indiqués dans les solféges.

10. Pour bien exécuter la petite note, on doit y appuyer la voix, mais sans affectation. Lorsqu'elle est préparée, elle prend la moitié de la valeur de la note à laquelle elle est ajoutée. Dans le cas contraire, elle vaut moins que cette moitié. Elle est préparée quand la note qui la précède est à l'unisson avec elle. La distance de la petite note, lorsqu'elle est au-dessus de la grande, est tantôt d'un ton, tantôt d'un demi-ton. Mais lorsque la petite note est en dessous, sa distance de la suivante est ordinairement d'un demi-ton. Cette remarque est essentielle pour les élèves qui feraient la petite note sans qu'elle fût indiquée

11. Quoique les agréments du chant soient composés de petites notes, écrites ou supposées, et que l'on ajoute à la mesure, ils n'en augmentent pas la durée totale. Ainsi la valeur de chaque note, ajoutée comme ornement, est prise aux dépens de celle qui précède ou de celle qui suit, sans que la mesure doive jamais en être altérée. Il n'en est pas moins vrai que l'exécution de ces agréments doit participer du caractère du mouvement du morceau. Ainsi, dans un ADAGIO, un LARGO, un CANTABILE, ces agréments doivent être articulés avec la lenteur propre au caractère de ces mouvements, et il ne serait pas convenable de passer rapidement les petites notes ajoutées, comme il ne faudrait pas, même en conservant la mesure, exécuter ces mêmes notes avec lenteur

(1) C'est donc bien et dûment autorisés que nous avons agi. En effet, dans les nouvelles éditions in-8° des *Solféges du Conservatoire*, non-seulement M. ÉDOUARD BATISTE, l'accompagnateur habituel des examens et concours de solfége présidés par Cherubini, a réalisé, d'après la tradition, les basses chiffrées pour piano ou orgue; mais il a transposé les leçons trop aiguës ou trop graves, indiqué de doubles notes pour les jeunes voix, et même placé de distance en distance, dans les premières leçons, des lettres A, B, précisant les passages où les voix trop courtes peuvent et doivent cesser de chanter. De plus, nous le répétons, le *Petit Solfége théorique et pratique*, de M. Édouard Batiste, est écrit en vue des plus jeunes voix.

(2) Les trois articles précédents renferment ce qui est nécessaire pour la conservation de la voix. C'est assez faire sentir aux professeurs la nécessité d'observer scrupuleusement ce qu'ils prescrivent.

et mollesse dans les mouvements vifs de l'ALLEGRO ou du PRESTO (1).

12. Lorsqu'on solfie, chaque agrément que l'on rencontre doit être vocalisé ou articulé avec le seul nom de la note à laquelle il est annexé. Il ne faut ajouter aucun agrément, surtout point de port de voix, à la note qui commence une leçon, ni à toute autre note précédée de silences.

13. Relativement aux phrases de chant, et à la manière de les nuancer, il faut, avant tout, éviter de respirer souvent. Il est donc important d'habituer les élèves à commencer et à terminer une phrase avec une ou deux respirations; mais si l'on en rencontre qui excèdent les forces de l'élève, il faut alors que le maître indique l'endroit de la phrase où il y a une chute d'harmonie ou de mélodie; c'est là que le chanteur doit respirer (2).

14. Pour nuancer les phrases de chant, et leur donner du style et de la tournure, il est essentiel de marquer les temps forts de la mesure sur lesquels tombent toujours les bonnes notes d'un accord; une loi du chant, qui sert précisément à prêter du goût et de l'accent à la mélodie, enjoint de donner généralement aux sons qui montent plus de force qu'à ceux qui descendent, de manière que si l'on a à parcourir une progression plus ou moins longue de sons ascendants, l'intensité de la voix aille en augmentant de proche en proche, sans pourtant *crier*, si ces sons se dirigent vers l'aigu. Il faut de même diminuer la force des sons dans une progression descendante, sans cependant éteindre la voix de façon à ce qu'on ne l'entende plus, si cette progression descend beaucoup vers le grave.

15. Il faut accoutumer les élèves à distinguer les phrases, à les bien sentir et à ne pas les hacher. Nous invitons, par conséquent, les maîtres, lorsque les élèves se tromperont, à *leur faire recommencer toujours la phrase entière*, au lieu de reprendre une ou deux notes avant l'endroit où ils se seront trompés. L'observation de cette règle sert non-seulement à corriger les élèves, mais en même temps à *former leur sentiment musical*, relativement à l'enchaînement des pensées qui composent les phrases (3).

La méthode que nous venons de tracer n'est qu'un simple aperçu de ce qu'il y a de plus nécessaire, de plus propre à conserver la voix, à la cultiver, et à former le goût. Ces notions élémentaires conviennent également et aux commençants et à ceux qui ont plus de connaissance de l'art.

Tous les professeurs de solfége n'ont pas senti l'importance de ces soins, ou ils ont négligé de s'en occuper; c'est pour cette raison que nous leur avons retracé les principes d'où dépend le succès de l'enseignement. Un professeur trouvera toujours bon qu'on lui rappelle sa responsabilité en lui indiquant une méthode qui la diminue et lui fasse atteindre sûrement le but de travaux qui contribuent aux progrès de l'art même.

Les membres du Comité d'enseignement :

GOSSEC, MÉHUL, CHERUBINI, CATEL.

(1) On trouvera dans les cinquante tableaux-types du *Petit Solfége théorique et pratique*, de M. ÉDOUARD BATISTE, un tableau spécialement consacré aux petites notes dites appoggiatures, simples ou doubles, grupetti, trilles, etc., etc.; les représentant avec leur effet réel *mesuré* d'une manière générale mais non absolue. De plus, les professeurs et les élèves, en consultant la petite méthode de chant de Mme Cinti-Damoreau, expressément écrite pour les jeunes voix, trouveront là les indications les plus précises sur l'art du chant appliqué au solfége, les exercices les plus élémentaires, et les plus complets cependant, sur le développement progressif et la conservation de la voix.

(2) Dans le *Petit Solfége théorique et pratique*, destiné par M. ÉDOUARD BATISTE aux plus jeunes voix, les respirations sont indiquées à de plus courts intervalles, afin de ne point fatiguer les enfants. Et le professeur devra faire, dès le début, observer et sentir aux élèves la construction des phrases musicales qui se ponctuent, au moyen de respirations plus ou moins prolongées, tout comme les phrases du discours. Ainsi une phrase musicale de huit mesures, (coupe la plus usitée,) peut se ponctuer le plus souvent par une virgule ou quart de respiration après la deuxième mesure, par un point et virgule ou demi-respiration après la quatrième mesure, par une seconde virgule ou quart de respiration après la sixième mesure, et enfin par un point ou respiration entière après la huitième mesure qui termine la phrase ou l'idée musicale? Et si, après cette huitième mesure, la phrase musicale laissait pressentir le besoin d'un développement immédiat, soit mélodiquement, soit harmoniquement, les deux points trouveraient alors leur place toute naturelle.

(3) C'est ici le cas d'entrer dans quelques considérations importantes sur la construction générale des phrases musicales. Le plus souvent elles se composent de huit ou seize mesures, se divisant de quatre en quatre, et il est à remarquer que, le plus souvent aussi, la première idée musicale exposée dans les quatre ou huit premières mesures, avec un sens plus ou moins suspensif, se reproduit ou se développe comme second membre de la phrase avec un sens complet pour conclure. Cette division de l'idée musicale est ce qu'on appelle, avec raison, le rhythme mélodique, et il importe d'en donner l'intelligence et le sentiment aux élèves. Plus tard ils comprendront le rôle important de l'harmonie et des modulations dans le discours musical, et ils sentiront pourquoi, le grand principe d'unité tonale exige qu'un morceau finisse dans le ton qui lui a servi de début.

MÉDAILLE DE PREMIÈRE CLASSE

EXPOSITION DE 1867

50 TABLEAUX-TYPES DE LECTURE MUSICALE

ATLAS DU PETIT SOLFÉGE MÉLODIQUE, THÉORIQUE ET PRATIQUE, D'ÉDOUARD BATISTE

INSTRUCTION GÉNÉRALE

Les exercices de ces tableaux, — qui dépassent le nombre de 600, avec un seul accompagnement par tableau de douze exercices, — devront d'abord être étudiés lentement, posément, en s'assurant bien de la justesse d'intonation, et en exigeant que l'intonation se soutienne bien régulièrement, sans s'élever ou s'abaisser pendant la durée de chaque note. Pour obtenir plus sûrement ce résultat, le piano (ou l'orgue), touché par un élève, à défaut du professeur, donnera sous chaque note l'accord indiqué, et toute la sonorité devra être conservée pendant la durée entière de la note. En chantant alternativement, avec et sans accompagnement, chaque exercice, on arrivera à un contrôle plus complet de l'intonation. Mais il faut éviter avec soin d'accompagner, soit au piano, soit au violon, par de simples notes doublant le chant. C'est enlever toute initiative à l'élève et lui fausser la voix d'une manière à peu près certaine, en le privant, de plus, du sentiment de l'harmonie.

Les respirations ont été multipliées dans les exercices des premiers tableaux, mais dès que les élèves le pourront, ils feront bien de les espacer davantage, en supprimant les virgules intermédiaires; ces respirations intermédiaires ne représentant, d'ailleurs, que des quarts de respiration dans le chant mesuré, il faudra donc les prendre sans effort et d'une manière imperceptible à l'oreille.

Chacun de ces exercices ayant pour double but une difficulté vocale et une difficulté rhythmique, il sera indispensable de reposer fréquemment la voix de l'élève, en lui faisant battre la mesure et compter les valeurs de notes, sans chanter. Cette étude exclusivement rhythmique suivra l'étude purement vocale qui sera préalablement faite de chaque exercice, au moyen d'une baguette conductrice, indiquant les notes à chanter. Les valeurs de ces mêmes notes seront ensuite comptées à haute voix, tantôt par leurs temps, divisions et sous-divisions binaires et ternaires, tantôt par les noms mêmes des notes, articulés *en mesure*, mais sans chanter.

Ce n'est qu'après cette étude isolée, de l'intonation d'abord, de la mesure ensuite, qu'il faudra réunir intonation et rhythme, en frappant le temps fort de chaque mesure, soit du pied, soit de la main, ou d'une baguette, ce qui serait plus précis. Et lorsque chaque exercice, pris *isolément*, sera parfaitement su, le professeur devra diviser ses élèves en 2, 3 et 4 sections pour leur faire chanter *simultanément* 2, 3 et 4 exercices du même tableau. Cela les familiarisera avec les différentes combinaisons du rhythme et des intervalles, tout en les préparant à l'étude du *Petit Solfége harmonique*, qui m'a été demandé par les éditeurs des *Méthodes du Conservatoire* pour compléter mon *Petit Solfége mélodique* et l'Atlas de mes 50 Tableaux-types de lecture musicale.

Après l'étude isolée et simultanée des douze exercices de chaque tableau, on trouvera, dans mon *Petit Solfége*, des leçons qui fournissent l'application immédiate de ces exercices, et, à côté de ces leçons, un grand nombre d'indications théoriques et pratiques sur la manière de travailler les tableaux et les leçons.

Nous recommandons aux professeurs comme aux élèves l'observation rigoureuse de tous ces avis, en appelant l'expérience du professeur à les compléter. Si le bon professeur fait la bonne méthode d'enseignement, il ne faut point oublier que le bon élève fait aussi le bon professeur. Il faudra surtout ne se point presser d'arriver; c'est le seul moyen d'arriver vite et bien. On ne devra donc passer à un nouveau tableau, à une nouvelle leçon, que lorsque l'élève sera parfaitement maître des exercices précédents, au double point de vue de l'intonation et du rhythme.

A l'intention des classes d'ensemble des colléges, des séminaires, des couvents, les éditeurs de cet *Atlas du Solfége* font spécialement imprimer des reproductions géantes de ces cinquante tableaux, de manière à permettre à cent élèves réunis leur lecture en commun. (Il importera de faire lire alternativement sur le tableau-géant et sur la petite édition, afin d'accoutumer les élèves, dès le début, à la lecture de la musique usuelle.) Cette étude simultanée, qui donne les plus heureux résultats sous le rapport de l'émulation, et qui développe plus rapidement la justesse d'intonation et le sentiment de la mesure, ne saurait cependant faire négliger l'étude isolée de chaque voix. Que d'élèves, prétendus remarquables dans un cours de solfége, seraient sans mérite réel livrés à eux-mêmes! C'est là ce qui ne doit pas être. Il faut diviser, subdiviser et même *isoler* les élèves, de manière à donner à chacun d'eux une valeur individuelle relative. Les uns reposeront les autres, et ceux qui écoutent bien profiteront même des fautes commises par leurs voisins. Ces examens isolés, ce contrôle incessant des élèves par les élèves eux-mêmes, sont les seules preuves pratiques des résultats obtenus sur chacun dans un cours d'ensemble. Ils tiendront en garde contre les succès trompeurs dont l'enseignement simultané ne fournit que trop de preuves.

ÉDOUARD BATISTE,
Professeur de Solfége individuel et collectif au Conservatoire, Organiste du grand orgue de Saint-Eustache, Directeur-professeur de la Société chorale du Conservatoire.

N. B. Pour ne point fatiguer les voix et reposer les élèves des exercices pratiques, il faudra les interroger fréquemment sur tous les éléments théoriques de ces cinquante tableaux et des cent leçons du PETIT SOLFÉGE. Il sera également indispensable, non-seulement de leur faire copier et transcrire dans différents tons un certain nombre de ces tableaux [illegible] voix, soit en chantant, soit au moyen du piano ou de l'orgue, d'abord de simples [illegible]

est un moyen puissant de faire plus promptement des lecteurs. En attendant la publication de mon *Petit Solfége harmonique*, et afin d'inspirer immédiatement aux élèves le sentiment de l'harmonie, les leçons à deux et à trois voix ne devront pas être négligées, même au début après l'étude des premiers tableaux et des premières leçons. Dans ce but et comme introduction progressive aux *grands Solféges d'ensemble* du CONSERVATOIRE, les professeurs pourront faire travailler les meilleures pages de recueils élémentaires, tels qué les *Concerts de la jeunesse*, de Mlle ROBERT MAZEL; la *Bibliothèque chorale*, de GEORGES KASTNER; le *Concert à la pension*, d'AMÉDÉE ARNAUD; les *Chants du Ciel*, de A. THYS; les *Chants* de FRANÇOIS STOEPEL; la *Distribution des prix*, de l'ABBÉ JOUVE; les *Fêtes bénies* et *Hymnes sacrées*, de LUIGI BORDÈSE; les *Prières quotidiennes*, de A. DE PELLAERT; la *Journée sainte*, de LAIR DE BEAUVAIS; les *Cantiques et Chants sacrés*, de J. CONSUL; enfin et particulièrement les morceaux de la PETITE ET GRANDE MAITRISE, qui initieront les élèves à la musique des maîtres. Ils trouveront aussi dans l'*Orphéon classique et populaire*, de LUIGI BORDÈSE, les transcriptions chorales, à trois et à quatre voix, des plus belles œuvres vocales et instrumentales de nos grands maîtres. Cette étude chorale, bien progressivement présentée, sera de plus une excellente préparation à la mise des paroles sous la musique, et à ce sujet le professeur devra exiger l'articulation bien nette, bien précise, de chaque syllabe, sans aucune exagération toutefois, c'est-à-dire sans contraction de la bouche, sans sifflement ni grasseyement. Il devra exiger aussi de chaque élève un son de voix toujours juste, toujours agréable, dans la force comme dans le *pianissimo*, et obtenir les nuances d'ensemble et de détail, de manière à préparer des chanteurs, tout en formant des lecteurs.

MÉDAILLE
DE
PREMIÈRE CLASSE

EXPOSITION
DE
1867

INTRODUCTION AUX SOLFÉGES DU CONSERVATOIRE

MON PETIT SOLFÉGE

Commencé dans les plus modestes limites, mon *Petit Solfége* s'est fait grand sans rien perdre, je crois, de ses mérites élémentaires. Chaque leçon, chaque tableau m'a obligé à plus de développements que je ne l'avais d'abord prévu, et c'est aujourd'hui tout un cours de lecture musicale que ce PETIT SOLFÉGE. Les professeurs et les élèves ne s'en plaindront pas; ils y trouveront une introduction plus complète aux admirables solféges du Conservatoire, qui ont créé tant de compositeurs, de chanteurs et d'instrumentistes accomplis. C'est pour tenir la seule place de premier livre de ces solféges, exclusivement consacré aux principes de musique, que les éditeurs des *Méthodes du Conservatoire* m'ont chargé d'écrire ce petit ouvrage, où tous ces principes sont exposés d'une manière plus élémentaire, et appliqués à des leçons et à des tableaux-types résumant toutes les difficultés vocales et rhythmiques de l'ordre primaire, mises à la portée des plus jeunes voix.

Après cette étude préalable, les élèves pourront aborder sans difficulté les *Solféges du Conservatoire*, que je crois avoir rendus infiniment plus pratiques par la réalisation des basses chiffrées, pour piano ou orgue, la transposition des leçons trop élevées ou trop graves, l'adjonction de notes-facilité pour les voix courtes, et enfin par la suppression *ad libitum* de certains passages trop fatigants pour les jeunes voix. De plus, toutes les difficultés de ces grands solféges sont prévues dans mon *Petit Solfége théorique et pratique*, et je pense les avoir présentées dans un ordre progressif, aussi clair, aussi net, que pouvait l'indiquer une vieille expérience de l'enseignement, sans parti pris pour ou contre tel système, appelant à mon aide, au contraire, tous les éléments nouveaux qui m'ont paru constater un progrès.

De mon côté, j'ai l'espoir que les cinquante tableaux-types de mon petit solfége feront faire un grand pas à la lecture musicale, d'autant plus que ces tableaux s'appliquent aussi bien à l'enseignement collectif qu'à l'enseignement individuel, aux classes de nos lycées et séminaires qu'aux exercices de nos orphéons, et que, par leur utilité essentiellement pratique, ils me paraissent appelés à devenir l'atlas indispensable de tous les solféges comme de toutes les méthodes d'enseignement.

Dans cette prévision, ne m'est-il pas permis d'exposer ici quels peuvent être mes titres à la bienveillance générale que je sollicite en faveur de mes tableaux-types?

Entré comme élève au Conservatoire en 1828, j'y obtins successivement les premiers prix de solfége, d'harmonie et accompagnement, de contrepoint et fugue, d'orgue; et, en 1840, disciple de notre maître si regretté, Halévy, le deuxième grand prix de composition musicale me fut décerné par l'Institut. Professeur agrégé et titulaire de solfége en 1837 et 1839, j'ai été appelé à diriger successivement les classes de solfége individuel et collectif du Conservatoire, où je fus nommé professeur de chant (enseignement simultané) en 1852. Depuis la création de cette classe et la fondation de la Société chorale du Conservatoire, plus de cinq mille élèves ont suivi mes cours et mérité de nombreuses récompenses.

Si je crois devoir insister sur ces titres à la confiance des professeurs, c'est que le choix d'une méthode élémentaire est chose des plus importantes sous l'apparence la moins grave. D'un bon début dépend souvent la vocation et l'avenir des élèves; il importe donc de savoir par qui ce PETIT SOLFÉGE est présenté à l'enseignement, afin de pouvoir apprécier la part de crédit que réellement il mérite. Notre illustre directeur du Conservatoire, M. Auber, en a bien voulu accepter l'hommage, et son non moins illustre prédécesseur avait bien voulu aussi m'agréer comme accompagnateur habituel des examens et des concours du Conservatoire, fonctions que j'ai remplies pendant vingt ans, non-seulement sous la direction de MM. Cherubini et Auber, mais aussi dans les classes de chant de Mme Damoreau, de MM. Bordogni, Banderali, Panseron, Galli et Kuhn.

Cette laborieuse expérience du professorat et de l'accompagnement explique pourquoi j'ai été appelé par les éditeurs des *Solféges du Conservatoire* à la réédition de ces célèbres solféges, ainsi qu'à la rédaction du *Petit Solfége théorique et pratique*, destiné à leur servir d'indispensable introduction.

Si l'approbation de mes honorables collègues du Conservatoire vient justifier la confiance de mes éditeurs, je serai doublement heureux de pouvoir partager avec eux l'honneur de contribuer, dans notre modeste mais importante sphère, au progrès de l'enseignement de la musique en France.

ED. BATISTE,

Professeur de Solfége individuel et collectif au Conservatoire, Organiste du grand orgue de Saint-Eustache Directeur-Professeur de la Société chorale du Conservatoire.

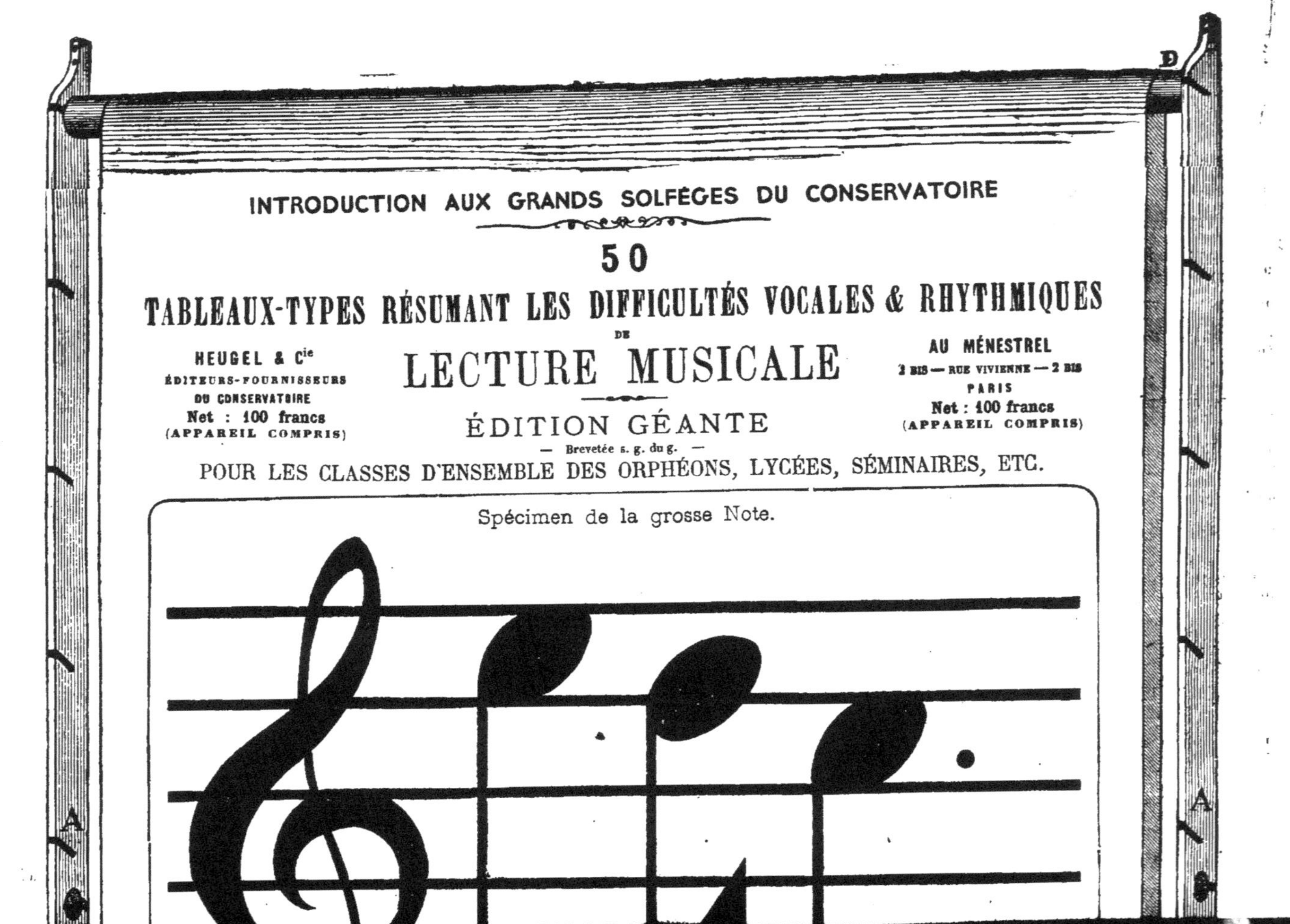
D
INTRODUCTION AUX GRANDS SOLFÈGES DU CONSERVATOIRE
50
TABLEAUX-TYPES RÉSUMANT LES DIFFICULTÉS VOCALES & RHYTHMIQUES
DE
LECTURE MUSICALE
ÉDITION GÉANTE
— Brevetée s. g. du g. —
HEUGEL & Cie
ÉDITEURS-FOURNISSEURS
DU CONSERVATOIRE
Net : 100 francs
(APPAREIL COMPRIS)
AU MÉNESTREL
2 BIS — RUE VIVIENNE — 2 BIS
PARIS
Net : 100 francs
(APPAREIL COMPRIS)
POUR LES CLASSES D'ENSEMBLE DES ORPHÉONS, LYCÉES, SÉMINAIRES, ETC.
Spécimen de la grosse Note.
A
A

ATLAS

DU PETIT SOLFÉGE
Mélodique
THÉORIQUE ET PRATIQUE DE

ÉDOUARD BATISTE

PROFESSEUR DE SOLFÉGE
individuel et collectif
AU CONSERVATOIRE

Organiste du grand Orgue de Saint-Eustache, Directeur-Professeur de la Société chorale du Conservatoire

Cette *reproduction-géante* comprend les 50 Tableaux-Types du Petit Solfége d'Édouard Batiste, ainsi que les 7 Tableaux *bis* et 3 Tableaux consacrés aux accords et aux modulations, total : 60 Tableaux, publiés en deux séries ou rouleaux-cartes de 30 Tableaux, se succédant sans interruption : 15 Tableaux au *recto*, 15 Tableaux au *verso*. — Ces rouleaux-cartes se placent sur deux montants à crémaillères fixés au mur de la classe; ils se développent, au moyen d'une seule manivelle mobile, de haut en bas et de bas en haut (sur une largeur d'un mètre 60 et une hauteur d'un mètre 80). Le troisième rouleau, vide, celui d'en haut, doit être fixé à la hauteur même de chaque Tableau de 12 portées, de manière à en permettre le développement complet. C'est le rouleau de transmission. Voir le dessin-cadre et sa légende. (1)

Le prix net des 60 Tableaux (avec l'appareil complet) est de 100 francs. — Chaque Tableau séparé est du prix net de 3 francs.

La Collection complète des 60 Tableaux-Géants est actuellement en vente.

On souscrit AU MÉNESTREL, 2 bis, rue Vivienne — HEUGEL et Cie, Éditeurs-Fournisseurs du Conservatoire

ET CHEZ TOUS LES ÉDITEURS, MARCHANDS DE MUSIQUE ET LIBRAIRES DE PARIS ET DES DÉPARTEMENTS

LES MÊMES TABLEAUX, FORMAT JÉSUS MUSIQUE, AVEC ACCOMPAGNEMENT DE PIANO OU ORGUE, NET : 5 FR.

(Pour les Classes de six à dix Élèves.)

ÉDITION POPULAIRE A L'USAGE DES ÉLÈVES, FORMAT IN-8°, SANS ACCt, NET : 2 FR. 50 CENT.

LE PETIT SOLFÉGE MÉLODIQUE D'ÉD. BATISTE
Avec accompagnement de Piano ou Orgue, net : 8 fr.

LE MÊME SOLFÉGE, ÉDITION POPULAIRE
Même format, sans accompagnement, net : 3 fr.

Pour paraître prochainement : — PETIT SOLFÉGE HARMONIQUE, à 2, 3 et 4 voix, — par ÉDOUARD BATISTE

LÉGENDE (1)

AA, Deux Montants avec crémaillères pour recevoir les rouleaux, — montants qui se fixent au mur ou sur un cadre de bois au moyen de vis et pattes en fer.
BB, Rouleaux de service, auxquels s'adapte la manivelle mobile.
CC, Rouleaux en réserve.
D, Rouleau de transmission.
E, Manivelle mobile, s'adaptant, à droite ou à gauche, aux axes des rouleaux pour les faire manœuvrer de bas en haut.

Un frein est adapté à l'extrémité de chaque rouleau de service pour en régler et maintenir le mouvement.

DE L'ENSEIGNEMENT DE LA MUSIQUE EN FRANCE

L'introduction réglementaire du chant dans nos lycées et séminaires, l'incessante création d'orphéons dans nos départements, ont donné une telle impulsion à l'enseignement de la musique en France, qu'il n'est pas sans intérêt de reproduire les deux rapports du Comité des études du Conservatoire; le premier concernant la complète réédition des solféges classiques de Chérubini, Méhul, Catel, Gossec; le second relatif au petit solfége et aux tableaux de lecture musicale de M. Édouard Batiste, adoptés comme introduction aux solféges du Conservatoire. Tous les professeurs (classes réunies) se sont unanimement associés aux termes de ces rapports, en proclamant l'importance absolue de bons solféges en matière d'enseignement musical.

CONSERVATOIRE IMPÉRIAL DE MUSIQUE ET DE DÉCLAMATION

SOLFÉGES DU CONSERVATOIRE, PAR CHÉRUBINI, MÉHUL, CATEL, GOSSEC, ETC.

Le Comité des études musicales du Conservatoire Impérial de musique de Paris ne pouvait voir, sans intérêt, la réédition des célèbres Solféges, qui ont été et resteront la base de l'enseignement de la musique dans cette École. Il a donc examiné dans ses moindres détails la nouvelle publication des Solféges de nos grands maîtres Chérubini, Méhul, Catel, Gossec, etc., publiée par M. J. L. Heugel, avec le concours de M. Édouard Batiste, professeur au Conservatoire, qui fut, pendant longues années, l'accompagnateur des examens et des concours. Les traditions de ces Solféges classiques étaient familières à M. Édouard Batiste; il l'a prouvé dans sa remarquable réalisation, pour piano ou orgue, des basses chiffrées. Ce travail, exécuté avec autant de conscience que de talent, permettra aux élèves comme aux professeurs d'accompagner avec leur véritable harmonie les Solféges du Conservatoire, rendus aussi plus pratiques, plus progressifs, au moyen de transpositions et de doubles notes destinées à en faciliter l'étude à toutes les voix.

Les meilleures leçons des *Solféges d'Italie* ont trouvé leur place dans la nouvelle édition des Solféges du Conservatoire, car l'étude du solfége ne doit point se borner à former des lecteurs; elle doit aussi préparer des chanteurs, ainsi que le proclament avec tant d'autorité nos illustres maîtres Chérubini, Méhul, Catel et Gossec, dans leur instruction préliminaire, pour le développement et la conservation de la voix.

Le Comité des études a remarqué que l'éditeur ne s'était point seulement préoccupé d'une nouvelle et très-correcte reproduction des Solféges du Conservatoire, mais que ses soins s'étaient également portés sur l'amélioration des éditions primitives, sans aucune modification des textes et basses chiffrées. Les jeunes artistes pourront donc comparer les deux éditions et faire une étude approfondie de la basse chiffrée, au point de vue de l'harmonie pratique.

En conséquence, le Comité des études approuve et adopte pour les classes la nouvelle reproduction des solféges du Conservatoire, dont l'éditeur a su conserver et améliorer les éditions primitives.

Signé : Auber, de l'Institut, *Directeur du Conservatoire, Président;*

Amb. Thomas, de l'Institut, professeur de composition; H. Reber, de l'Institut, professeur de composition; Georges Kastner, de l'Institut; Émile Perrin, directeur de l'Opéra; François Bazin, professeur d'harmonie et accompagnement; F. Benoist, professeur d'orgue et d'improvisation.

Dauverné, Prumier, J.-B. Wekerlin.

Le Commissaire impérial, Édouard Monnais. *Le Secrétaire*, Alf. de Beauchesne.

INTRODUCTION AUX SOLFÉGES DU CONSERVATOIRE

PETIT SOLFÉGE THÉORIQUE ET PRATIQUE ET TABLEAUX DE LECTURE MUSICALE, DE M. ÉDOUARD BATISTE

Le comité des études musicales du Conservatoire Impérial de musique de Paris a examiné avec intérêt le *Petit Solfége théorique et pratique*, écrit par M. Édouard Batiste, comme introduction aux *Solféges du Conservatoire*. Ce petit solfége et les tableaux de lecture musicale qui en sont l'atlas indispensable, bien que conçus à l'intention des plus jeunes voix et des classes tout à fait élémentaires, se font remarquer par des exercices et des leçons mélodiques d'une irréprochable facture, par des accompagnements intéressants et purement écrits. Les principes de la musique y sont soigneusement exposés; les gammes majeures et mineures, ainsi que les modulations, sont présentées et définies avec une grande clarté. Toutes les combinaisons rhythmiques des différentes mesures se trouvent développées dans les tableaux de M. Edouard Batiste avec un ordre et dans une progression qui témoignent d'une laborieuse et patiente expérience de l'enseignement. Enfin la reproduction (grand format) des tableaux en permettra l'introduction dans les classes d'ensemble des Orphéons, Lycées et Séminaires.

Le comité des études approuve donc, comme introduction aux Solféges du Conservatoire, le *Petit Solfége et les tableaux de lecture musicale* de M. Édouard Batiste.

(*Suivent les signatures ci-dessus.*)

Les bons solféges étant d'une importance absolue en matière d'enseignement musical, les membres de la section de musique de l'Institut et les professeurs au Conservatoire, après avoir examiné la nouvelle édition des solféges de Chérubini, Catel, Gossec, Méhul, ainsi que le petit solfége et les tableaux de lecture musicale de M. Edouard Batiste, s'associent unanimement à l'approbation motivée du comité des études du Conservatoire.

Les Membres de la section de musique de l'Institut :

M. Carafa. H. Berlioz. Ch. Gounod.

Les Professeurs du Conservatoire Impérial de musique et de déclamation :

Classes de composition et d'harmonie. — MM. Victor Massé, Elwart, E. Gautier, A. Savard, J. Duprato, Mme Dufresne.

Classes de chant. — MM. Ch. Battaille, Giuliani, Grosset, Laget, Masset, Paulin-Lespinasse, Révial et Vauthrot.

Déclamation lyrique. — MM. Couderc, Ch. Duvernoy, Levasseur et Mocker.

Classes d'ensemble. — MM. Jules Cohen, J. Pasdeloup. — **Etude des rôles.** — MM. H. Potier.

Classes de solféges. — MM. Non Alkan, Danhauser, Émile Durand, H. Duvernoy, Émile Gillette, Lebel, Tariot, Mmes Barles, Doumic-St-Ange, Hersant, Maucorps-Delsuc, Mercié-Porte, Roulle et Tarpet-Leclercq.

Classes instrumentales. — MM. Alard, Anthiome, Baillot (René), Chevillard, Cokken, Croharé, Dancla (Ch.), Dieppo, Dorus, Franchomme, Herz (Henri), Klosé, Labro, Le Couppey, Marmontel, Mathias, Massart, Mohr, Eug. Sauzay et Triébert; Mmes Farrenc, Jousselin, Philippon-Rouget de Lisle et Emile Rety.

Classes d'élèves militaires (annexées **au Conservatoire.**)

MM. Arban, Forestier, Jonas et Ad. Sax.

Ont également approuvé: MM. Victor Magnien, Mériel, Aug. Morel, Ed. Mouzin et Bressler, directeurs des succursales du Conservatoire: Lille, Toulouse, Marseille, Metz et Nantes.

SOLFÉGES CLASSIQUES DU CONSERVATOIRE

CHERUBINI, MÉHUL, CATEL, GOSSEC, ETC.

PETIT SOLFÉGE D'INTRODUCTION ET TABLEAUX DE LECTURE MUSICALE

HEUGEL ET Cie
ÉDITEURS
France et Étranger

DE

M. ÉDOUARD BATISTE

DEUX MÉDAILLES
(1re CLASSE)
Exposition Universelle 1867

(EXTRAITS DU JOURNAL LE MÉNESTREL)

Nous ne pouvons reproduire toutes les approbations qui nous parviennent de Paris et des départements, au sujet de la nouvelle édition des *Solféges classiques du Conservatoire*, de Cherubini, Méhul, Catel, Gossec, etc., du *Petit Solfége* et des *Tableaux-Types*, d'Édouard Batiste, destinés à leur servir d'introduction. Toutes ces approbations motivées témoignent de l'impulsion donnée à l'enseignement de la musique par la création incessante de nouveaux orphéons et l'arrêté ministériel qui prescrit l'étude des solféges dans nos lycées. Chacun comprend aujourd'hui l'importance de bons livres pratiques d'enseignement, et nos meilleurs professeurs s'empressent d'approuver la réimpression de solféges célèbres rendus infiniment plus pratiques et mis à la portée de toutes les voix. Voici comment s'exprime à cet égard M. Lebel, l'un de nos plus habiles professeurs du Conservatoire :

« C'est avec un vif intérêt que j'ai pris connaissance de la nouvelle édition des *Solféges du Conservatoire*, que je vous remercie de m'avoir envoyée. Les bons ouvrages classiques sont rares, et il serait à souhaiter qu'ils fussent dans toutes les mains; aussi, en rééditant les excellentes leçons composées par les maîtres célèbres qui nous ont précédés, et dont nous devons nous efforcer de suivre les traces, en les rendant plus pratiques par la réalisation des basses chiffrées, en toutes notes pour piano ou orgue, par la transposition des leçons trop élevées ou trop graves, enfin par les améliorations en tout genre que vous y avez introduites, vous venez de rendre un véritable service à l'art musical sérieux. Quant à la partie qui est spécialement l'œuvre de M. Édouard Batiste, elle est telle que nous devions l'attendre d'un professeur si expérimenté. »

— Un autre très-habile collègue de MM. Éd. Batiste et Lebel, au Conservatoire, M. Henry Duvernoy, auteur lui-même de solféges remarquables et remarqués, nous adresse l'approbation suivante, qui témoigne d'un esprit d'abnégation des plus honorables :

« J'ai reçu l'envoi que vous avez bien voulu me faire de la nouvelle édition des *Solféges du Conservatoire*. Cet important travail, entrepris et mené à bonne fin par mon ancien condisciple et ami, M. Édouard Batiste, a droit à mes sincères éloges, et je les lui accorde de grand cœur et sans réserve. Parfait musicien, harmoniste habile, professeur d'un talent éprouvé et justement apprécié, mon très-honorable collègue avait assurément toutes les qualités requises pour se tirer avec honneur de la tâche difficile qu'il s'était imposée. Le succès a couronné ses louables efforts. Qu'il reçoive donc ici les compliments et les félicitations d'un camarade qui, lui-même, professeur au Conservatoire de Paris depuis vingt-six années et auteur de deux solféges accueillis avec faveur par tous les Conservatoires de France et de Belgique, sera toujours heureux de voir des artistes sérieux, jaloux de populariser et de mettre à la portée de tous, les ouvrages des hommes qui ont été et resteront nos meilleurs guides et nos plus purs modèles. »

— M. A. Savard, auteur lui aussi, non-seulement d'excellents principes de musique approuvés par le Conservatoire, mais encore de deux excellents traités d'harmonie et de transposition, adresse également l'approbation que voici à M. Edouard Batiste :

« C'est avec un bien vif intérêt que j'ai pris connaissance de la nouvelle édition des *Solféges du Conservatoire*, à laquelle vous venez d'attacher votre nom; je n'ai pas vu avec une moindre satisfaction le nouveau *Solfége* et l'*Atlas* dont vous êtes l'auteur, et qui sont destinés à servir d'introduction au premier ouvrage.

» Recevez mes bien sincères félicitations pour la manière dont vous vous êtes acquitté de la tâche importante et délicate qui vous avait été confiée par les éditeurs du *Ménestrel*. Pour la remplir dignement, il fallait posséder la science musicale, l'expérience de l'enseignement et les traditions des maîtres dont on rééditait les magnifiques leçons : à quel autre que vous pouvait-on mieux s'adresser? Vous avez tenu ce qu'on était en droit d'attendre : réalisation correcte et élégante de l'harmonie chiffrée, transpositions judicieuses, variantes habilement ménagées pour la commodité des voix restreintes.

» Quant à votre *Petit Solfége* et à l'*Atlas* qui l'accompagne, on y retrouve l'expérience d'un professeur éprouvé et le talent d'un artiste formé à l'école de maîtres illustres. »

— Les collègues de M. Édouard Batiste au Conservatoire de Paris, MM. Emile Jonas, Émile Durand, Napoléon Alkan, s'empressent tous d'approuver la nouvelle édition des *Solféges classiques du Conservatoire*, ainsi que le *Petit Solfége* et les cinquante Tableaux d'Édouard Batiste, destinés à leur servir d'introduction. « Cette nouvelle édition des *Solféges du Conservatoire*, nous écrit M. Émile Jonas, fait revivre l'un des plus beaux monuments de l'art musical. » Voici la lettre qui nous est adressée au même sujet par M. Émile Durand :

« Je ne puis qu'applaudir à l'excellente idée que vous avez eue de rendre possible à *tous* l'étude des magnifiques *Solféges du Conservatoire*, en y faisant adapter un accompagnement de piano, et en n'employant pour le chant que les clefs de *sol* et de *fa*, presque exclusivement en usage de nos jours. Il était regrettable que les belles leçons de Cherubini, Catel, Méhul, etc., ne fussent connues que de quelques artistes. En les mettant à la portée des amateurs, vous rendez à la musique un véritable service. Mais il eût été bien fâcheux que l'édition sur toutes les clefs, avec basse chiffrée, fût détruite; aussi vois-je avec plaisir que vous la conservez intacte, et pour ma part, je vous en remercie. Le *Petit Solfége* de Batiste atteint parfaitement le but qu'il se propose : *Servir d'introduction aux Solféges du Conservatoire.* J'y ai remarqué de très-bons exercices d'intonation et de rhythme, des leçons bien graduées; le tout fait dans un ordre excellent. »

— M. F. Bazin, professeur d'harmonie au Conservatoire et directeur de l'Orphéon de Paris (rive gauche), nous adresse aussi les quelques lignes suivantes :

« J'ai reçu votre nouvelle édition des *Solféges du Conservatoire* que vous avez bien voulu m'adresser. C'est un véritable cadeau dont je vous remercie beaucoup. Ces solféges sont de petits chefs-d'œuvre. En les popularisant comme vous faites, vous rendez un véritable service à l'enseignement. »

— L'approbation de notre excellent professeur du Conservatoire, F. Lecouppey, se traduit par un fait pratique :

« J'adopte l'édition Batiste pour mes cours de la rue Séguier, où l'enseignement du solfége, si habilement dirigé par M. Augustin Savard, s'adresse à plus de cent cinquante élèves. C'est vous dire, en un mot, toute mon appréciation du *Solfége* d'Édouard Batiste, et de votre nouvelle édition des *Solféges du Conservatoire.* »

— Notre compositeur, M. J.-B. Wekerlin, qui s'occupe aussi beaucoup d'enseignement, et qui fait, à ce titre, partie du Comité des études du Conservatoire, nous adresse également ses félicitations :

« Si je ne vous ai pas encore félicité de votre nouvelle édition des *Solféges du Conservatoire*, c'est que je voulais préalablement parcourir avec attention tous ces volumes. La valeur réelle des solféges du Conservatoire de France est établie depuis près d'un demi-siècle, il est donc inutile d'insister sur leur mérite musical. Quant au *Petit Solfége* d'Édouard Batiste, les principes (texte) donnés de distance en distance et graduellement sont une disposition infiniment meilleure que celle de la généralité des méthodes où l'on accumule toute la théorie dans les premières pages... qu'on ne lit jamais, ou du moins rarement. M. Batiste, à propos de la mesure à *cinq temps*, donne des exemples du rhythme *trois temps* et *deux temps;* il aurait pu en ajouter en rhythme de *deux temps* et *trois temps*, rhythme neuf et original que je ne me souviens pas d'avoir vu employé; mais ce n'est pas une raison : il nous est bien permis de faire un petit pas en avant. Si aux 7me et 8me livres (solféges à changements de clefs de Cherubini) on pouvait ajouter les leçons que M. Auber a écrites depuis quelques années pour les concours du Conservatoire, ce serait un trésor de plus; mais le Conservatoire voudra-t-il livrer ces petits chefs-d'œuvre, qui font tous les ans l'admiration du jury et le désespoir des concurrents?

» Telle quelle, votre édition de solféges est, sans contredit, la plus complète qui existe, et il n'est pas probable qu'elle soit détrônée de longtemps. Je me suis amusé, amusé est le mot, à chanter au piano quelques-unes de ces charmantes leçons de Cherubini, Méhul et Gossec : c'est à donner envie de recommencer sa carrière musicale. »

— M. J.-J. Masset, professeur de chant au Conservatoire et directeur de l'enseignement de la musique à la Maison impériale de Saint-Denis, nous adresse aussi quelques lignes d'approbation que nous nous empressons de reproduire :

« Je vous prie d'agréer mes remercîments et mes félicitations. Rendre plus populaires les belles leçons de Cherubini avec un accompagnement plus accessible à tous qu'une basse chiffrée, est une heureuse idée. Le *Petit Solfége* de Batiste leur est une excellente introduction. Ses leçons élémentaires sont écrites avec le plus grand soin et dans des bornes vocales qui ne peuvent compromettre l'avenir des chanteurs. Je ne doute pas du succès de votre publication, et je ferai tout ce qui dépendra de moi pour y contribuer. »

— M. Goblin, dont le professorat a laissé de si bons souvenirs au Conservatoire, vient de faire adopter le *Petit Solfége*, d'Édouard Batiste, à sa classe du lycée Saint-Louis.

— M. Félix Clément, l'un de nos musiciens et musicographes distingués, qui dirige l'étude de la musique au collége Stanislas, nous adresse la lettre suivante :

« On ne pouvait rien imaginer de plus utile et de plus opportun que de renouveler nos solféges et nos méthodes de chant, soit en faisant revivre sous des formes mieux appropriées à nos usages les ouvrages didactiques des maîtres les plus justement honorés, soit en publiant des principes élémentaires et des exercices groupés dans un ordre judicieux, et de nature à rendre plus facile et plus claire la démonstration du professeur. C'était une tâche considérable qui demandait, chez l'éditeur, autant de hardiesse que de persévérance. Ces deux qualités ne vous ont jamais fait défaut, et le succès vous en a récompensé. Celui que vos solféges vont obtenir sera de tous le plus légitime. M. Batiste s'est acquitté en maître d'un travail dont tous les musiciens s'accorderont à louer la précision, la pureté et la délicatesse. Son *Petit Solfége* produira des lecteurs intrépides, et il est à désirer que toutes les écoles primaires soient dotées des grands tableaux de lecture si heureusement exécutés, et qu'ils remplacent les tableaux noirs qui exigent de la part du professeur un travail fastidieux de préparation dont le temps est pris sur l'heure de la leçon.

» Les solféges du Conservatoire ont toujours été réputés excellents, mais on les voyait rarement. La vénération dont on les entourait les protégeait contre les excès de la familiarité. Votre publication va faire cesser ce culte trop platonique, et ces belles leçons de Cherubini, de Méhul, de Gossec, de Catel, contribueront à fortifier les études et à améliorer le goût. C'est le monument le plus durable élevé à la mémoire de ces grands écrivains de la musique classique. »

— Nous recevons aussi de M. Nicou-Choron, compositeur et professeur à l'institution Notre-Dame d'Auteuil, l'approbation motivée que voici :

« J'ai examiné avec beaucoup d'intérêt l'excellente et commode édition que vous venez de faire des *Solféges du Conservatoire*, et je m'empresse de vous dire qu'elle me satisfait complétement.

» Les transcriptions, les suppressions de notes trop élevées ou trop graves, ramenant les leçons à une étendue commune aux voix ordinaires, ont été de la part de l'éditeur une préoccupation louable.

» L'*Atlas* et le *Petit Solfége* de M. Éd. Batiste étaient une introduction indispensable à l'ouvrage principal, et ce travail, on le voit tout de suite, a été conçu par un maître habile et fort expert dans l'enseignement. Peut-être nos devanciers dans le professorat, si versés dans la pratique de la *basse chiffrée*, souriraient-ils de nous voir dans l'obligation de renoncer à ce mode d'accompagnement pour y substituer celui écrit en *toutes notes;* mais enfin, puisque cette partie de l'art est malheureusement délaissée de nos jours, nous devons encore des éloges à M. Batiste pour les soins qu'il a donnés à cette portion de son travail.

» Je me propose, sans renoncer à la *Méthode concertante* de Choron, à laquelle je suis fort attaché, comme vous devez le penser, de tirer bon parti de votre utile publication dans les classes que je dirige. »

M. Nicou-Choron n'est pas seul à regretter l'usage de la basse chiffrée, mais, à ce sujet, nous ferons remarquer aux musiciens qui veulent approfondir leur art que les deux éditions grand format et petit format des *Solféges du Conservatoire* leur offrent une étude comparée des plus intéressantes. Dans la grande édition, ils trouveront toutes les leçons avec leurs basses chiffrées, et, dans l'édition in-8°, la réalisation au piano de ces basses chiffrées. Il en est de même pour les leçons sur clefs d'*ut* transposées en clefs de *sol*, leçons qui font l'objet d'un volume in-8° spécial, réservé à toutes les clefs et aux changements de clefs.

— Mme Joseph Batta, chargée à la Maison impériale d'Écouen de la direction du chant, confiée à M. J.-J. Masset, à la Maison impériale de Saint-Denis, nous adresse son adhésion pleine et entière, non-seulement aux *Solféges classiques du Conservatoire*, mais aussi au *Petit Solfége* et à l'*Atlas des* 50 *Tableaux* d'Edouard Batiste.

— Voici l'adhésion motivée de M. Charles Dancla, chargé de la direction de la musique à l'importante institution de Vaugirard :

« Intéresser l'élève en l'instruisant doit toujours être le but de celui qui se propose d'écrire un solfége, une méthode ou un ouvrage quelconque destiné à l'enseignement. Ce petit préambule me mène tout naturellement à dire que je trouve les solféges que vous avez bien voulu m'adresser, instructifs et intéressants, et appelés indubitablement à rendre d'utiles services aux élèves, à ceux surtout qui voudront enfin comprendre qu'il faut commencer l'étude de la musique par le solfége, qui est la meilleure base d'une bonne éducation musicale. Les belles leçons de Cherubini, de Méhul, de Gossec et de Catel, ne manqueront pas de donner à l'élève le goût le plus pur et le plus élevé. Je vais annoncer votre publication à mon excellente sœur, la pianiste si distinguée qui occupe à Tarbes une position importante et comme virtuose et comme professeur. »

— Un amateur-artiste dans toute l'acception du mot, M. Édouard Rodrigues, l'un des membres actifs et dévoués de la commission municipale, fondée par M. le préfet de la Seine pour le progrès de l'enseignement dans les classes de l'Orphéon de Paris, nous adresse son approbation ainsi motivée : « J'ai parcouru avec un » très-vif intérêt les ouvrages que vous m'avez envoyés. » C'est une bonne et louable entreprise que la reproduc- » tion de nos *Solféges du Conservatoire*. C'est un ser- » vice rendu aux élèves que de leur présenter, avec » un accompagnement tout fait, des leçons mises à » la portée des voix *actuelles*, car, ou il faut reconnaître » que la manière d'exercer les voix s'est modifiée, ou » il faudrait avouer que nos plus grands maîtres, — » Cherubini, Italien de naissance et d'étude cependant, — se laissaient aller à demander aux voix plus » qu'elles ne pouvaient donner.

» J'approuve de tout mon cœur le second alinéa de » votre préface et je proclame bien haut avec vous que » ce n'est pas la musique qu'il faut apprendre, mais la » bonne musique, et j'ajouterais peut-être, si je ne » craignais de faire tort à quelques-uns de vos con- » frères, que plutôt que d'apprendre la mauvaise mu- » sique, il vaudrait mieux ne pas l'apprendre du tout.»

Nous ajouterons à cette approbation d'un musicien essentiellement pratique, bien qu'amateur, que la commission municipale d'enseignement de la musique a décidé que 400 volumes des *Solféges du Conservatoire* seraient donnés en prix, cette année 1866, aux élèves des classes de l'Orphéon. M. Gounod, l'ancien directeur de l'Orphéon de Paris, ainsi que MM. F. Bazin et Pasdeloup, les nouveaux directeurs (rive gauche et rive droite), font partie de cette commission qui témoigne, par des faits, on le voit, de sa résolution formelle de diriger l'enseignement populaire de la musique dans les sentiers classiques.

— Mme Dufresne, professeur d'harmonie au Conservatoire et l'accompagnatrice en titre des concours des classes de solfége, nous adresse l'approbation suivante :

« J'ai parcouru avec le plus vif intérêt votre nouvelle et remarquable édition des *Solféges classiques du Conservatoire*, mis à la portée de tous. L'accompagnement pour orgue ou piano offre, selon moi, un grand avantage aux jeunes professeurs, pour lesquels la réalisation prompte et correcte de la basse chiffrée est toujours une grande difficulté, quand elle n'est pas un obstacle.

« Faire l'analyse du consciencieux travail de M. Edouard Batiste, et lui adresser les éloges qu'il mérite, serait, monsieur, vous redire ce que mes collègues vous ont si bien exprimé. J'ajouterai seulement qu'après avoir pris connaissance du nouveau *Solfége théorique et pratique* de M. Edouard Batiste, ainsi que des tableaux contenant le développement de chaque difficulté, je crois rendre à mon tour un véritable service à l'enseignement en adoptant exclusivement cet excellent ouvrage pour mes cours de solfége particuliers, ainsi que pour ceux que je dirige au couvent des Dames de Sainte-Clotilde. »

— Voici l'attestation de Mme Maucorps-Delsuc, l'un des excellents professeurs agrégés de Solfége au Conservatoire :

« Recevez mes remercîments avec mes félicitations pour cette précieuse *Collection des Solféges* de nos grands maîtres, que vous avez eu l'excellente pensée de mettre à la portée de tous.

« Leur impression est excellente aussi, et la beauté des caractères est une amélioration qui sera appréciée des lecteurs.

« Veuillez féliciter M. Batiste de son consciencieux travail, et tout particulièrement sur la partie de son *Petit Solfége* qui traite des modulations; la façon tout élémentaire, dont il présente cette difficulté de l'art musical sera vivement appréciée, et, pour ma part, je le remercie d'avoir songé à consacrer quelques leçons à cette partie si importante de l'enseignement. »

— Mme Tarpet-Leclercq, l'un de nos bons professeurs du Conservatoire, nous adresse également sa lettre d'approbation, qui se termine ainsi :

« C'était une tâche difficile, dont s'est acquitté M. Edouard Batiste en maître habile et en professeur consciencieux; aussi le succès n'est pas douteux; juste récompense d'un travail opiniâtre. »

— Mme C. Doumic-Saint-Ange, professeur au Conservatoire, approuve en ces termes la nouvelle édition des *Solféges classiques* de Cherubini, Méhul, Catel, Gossec, etc. :

« Si j'ai tardé à vous remercier du tout aimable envoi de vos solféges, monsieur, c'est que je voulais les avoir lus et fait lire, afin d'en pouvoir parler avec connaissance de cause. Aujourd'hui, j'ai pu apprécier l'excellent résultat que vous avez obtenu, grâce à toutes les améliorations de cette réimpression. Réduites à une étendue plus accessible aux voix peu formées, rajeunies par les heureux accompagnements de M. Batiste, ces leçons n'ont plus rien d'aride, pas même le format qui, autrefois, sentait l'école et presque le bouquin. Il semble que ce détail soit bien secondaire, et, cependant, il n'est pas douteux que ces gracieux petits volumes, tout semblables à des partitions, ne soient accueillis de bien meilleure grâce par les élèves. J'ai pu m'en convaincre déjà par moi-même; aussi viens-je me joindre, monsieur, aux éloges que vous ont transmis tous les professeurs que vous avez mis à même d'apprécier cette œuvre remarquable. Je vous en renouvelle mes remercîments pour ma part, et vous prie d'agréer l'expression de ma considération la plus distinguée. »

— Mme Barles, élève de M. Édouard Batiste, aujourd'hui elle-même professeur au Conservatoire, sa collègue Mlle Hersant, et M. Tariot, doyen des professeurs de solfége du Conservatoire, chargé de la classe des internes, nous ont aussi adressé leurs félicitations et leurs remercîments.

— Dans nos départements, dans les succursales du Conservatoire, le même accueil a été fait à la réimpression des Solféges classiques du Conservatoire. Dès sa rentrée en fonctions, M. Auguste Morel, directeur du Conservatoire de Marseille, a adressé la lettre suivante aux éditeurs des Solféges du Conservatoire: « Recevez, messieurs, mes bien vifs et bien sincères remercîments pour le précieux envoi que vous avez bien voulu faire au Conservatoire de Marseille de votre collection in-8° des *Solféges du Conservatoire* (de Paris) avec accompagnement de piano ou d'orgue, ainsi que du *Petit Solfége théorique et pratique* et des 50 *Tableaux* de M. Edouard Batiste, professeur de Solfége individuel et collectif du Conservatoire de Paris.

« Vous avez eu une heureuse idée d'entreprendre cette publication avec les nombreuses améliorations qui y ont été introduites. Notre Conservatoire, qui a toujours placé en première ligne dans son enseignement les solféges classiques de Cherubini, Catel, Méhul, Gossec, ne pouvait manquer d'adopter votre nouvelle édition de ces admirables solféges, mis à la portée de toutes les voix et rendus infiniment plus pratiques, grâce à la réalisation, pour piano ou orgue, des basses chiffrées si remarquablement transcrites par M. Ed. Batiste; quant au *Petit Solfége* et aux 50 *Tableaux* de ce professeur, ils nous seront très-utiles pour nos classes élémentaires. C'est un complément indispensable de votre publication principale et une excellente introduction aux grands Solféges du Conservatoire. »

— L'honorable directeur du Conservatoire de Lille, M. Victor Magnien, a également adressé la lettre suivante aux éditeurs des Solféges du Conservatoire: « Je m'applaudis d'avoir pu, avant votre envoi, apprécier, à la suite d'un examen sérieux, le *Petit Solfége théorique et pratique* de M. Ed. Batiste, ouvrage que j'adopte, comme on vous l'a dit déjà, pour nos classes de solfége élémentaire, satisfait de pouvoir mettre entre les mains de nos jeunes professeurs un enseignement gradué et rationnel: ces deux qualités, abstraction faite des autres, renferment pour l'auteur un éloge qu'il mérite à plus d'un titre. Je ne félicite pas moins M. Ed. Batiste du travail auquel il s'est livré à l'égard des Solféges classiques du Conservatoire, dont les anciennes éditions sont depuis longtemps entre les mains de nos élèves. Les améliorations et la réalisation pour le piano, des basses chiffrées, ne pourront qu'être favorables aux voix et utiles aux solfégistes-pianistes. »

C'est M. Larsonneur, l'excellent professeur des classes d'adultes, qui a été chargé de l'introduction du *Petit Solfége* et des 50 *Tableaux* d'Edouard Batiste, au Conservatoire de Lille.

— MM. Paul Mériel, directeur du Conservatoire de Toulouse, et Ed. Mouzin, directeur du Conservatoire de Metz, viennent aussi de transmettre leur adhésion pleine et entière à la nouvelle édition des *Solféges du Conservatoire*, ainsi qu'aux *Petits Solféges et Tableaux de lecture musicale*, destinés à servir d'introduction aux grands Solféges de Cherubini, Méhul, Catel et Gossec.

Ainsi que les Conservatoires de Lille, Marseille, Toulouse et Metz, l'École de musique communale de Cambrai, le Conservatoire de Strasbourg, directeur M. Hasselmans, et celui de Nantes, directeur M. Bressler, ont aussi adressé leur adhésion pleine et entière aux éditeurs des *Solféges du Conservatoire*. Voici la lettre d'approbation du directeur du Conservatoire de Nantes :

« J'ai tardé à vous accuser réception de votre envoi de Solféges, parce que je tenais à apprécier par moi-même tout le mérite du travail de M. Ed. Baptiste, et je ne puis que le féliciter, par votre entremise, de la bonne graduation qu'il a apportée à son *Cours de Solfége*, des excellentes modifications de tonalité qu'il a fait subir à quelques-unes des leçons des solfége du Conservatoire, afin d'éviter aux voix toute fatigue, enfin de l'heureuse réduction des basses chiffrées en accompagnement de piano.

» Je n'hésite pas à adopter, pour les classes de solfége du Conservatoire de Nantes, un ouvrage excellent, que je crois appelé au plus grand succès; et vous prie de recevoir également mes sincères félicitations pour le luxe et la clarté de l'édition. »

— Les maisons religieuses d'éducation accueillent avec le même empressement la nouvelle édition des Solféges classiques du Conservatoire. M. Lecocq, professeur de chant au *Sacré Cœur* et aux *Oiseaux*, nous adresse la lettre suivante :

« Permettez-moi de joindre mes félicitations à celles qui ne pourront manquer de vous parvenir au sujet de vos nouvelles éditions des *Solféges du Conservatoire*. Vous avez eu aussi une très-bonne pensée, monsieur, en les faisant précéder d'une première partie théorique, et M. Edouard Batiste, que vous avez choisi pour écrire cette introduction, s'en est acquitté en professeur expérimenté. Tout en limitant à l'accord de septième dominante le chapitre qui traite de l'harmonie, je crois que l'auteur aurait pu amener ses lecteurs à solfier une basse chiffrée sans le secours d'aucune réalisation on accompagnement : c'est à mon avis un résultat d'une nécessité trop absolue, surtout pour les chanteurs, pour que M. Edouard Batiste ne le tente pas *dans une seconde édition, qui ne peut tarder à se produire.* »

— M. l'abbé Leroyer, directeur du chant à l'institution ecclésiastique de Combrée, a bien voulu aussi nous adresser son approbation que voici :

« Notre excellent maître de musique, M. Collmann, vient de me mettre sous les yeux le *Petit Solfége théorique et pratique* de M. Ed. Batiste, ainsi que les cinquante tableaux-types que vous lui avez envoyés. J'ai parcouru les deux ouvrages avec le plus vif intérêt. A mon avis, ils méritent les plus vifs éloges. Je n'avais encore rien rencontré qui me parût plus propre à faciliter l'étude de la musique. Je ne suis pas surpris qu'on ait adopté le Solfége et les tableaux dans un grand nombre de Conservatoires. Pour mon compte, j'ai la ferme intention de l'adopter aussi pour les cours de chant donnés aux élèves de notre institution. »

— M. l'abbé Jouve, chanoine de Valence, qui se fait un devoir et un plaisir de répandre le goût de la bonne musique dans le midi de la France, nous adresse la lettre suivante, qui témoigne de connaissances toutes spéciales en matière d'enseignement de la musique :

« Veuillez agréer tous mes remercîments de l'important envoi que vous avez eu l'obligeance de me faire des deux jolis volumes du *Petit Solfége théorique et pratique*, avec le bel Atlas qui les accompagnait, de M. Ed. Batiste, professeur au Conservatoire et organiste de Saint-Eustache. Si j'ai tardé un peu de vous en accuser réception, c'est que j'ai voulu, par moi-même, me rendre compte du but, de la portée et des avantages de cette intéressante publication. Il m'a été facile, après examen, de reconnaître combien le *Petit Solfége* de M. Edouard Batiste était la véritable *clef* des célèbres solféges du Conservatoire, qui ont produit tant de grands compositeurs et de chanteurs illustres. On y remarque, en effet, l'ordre et la clarté dans la rédaction du texte, une heureuse et habile gradation dans les leçons notées qui servent à l'éclaircir, et un goût pur et sévère dans le choix des exemples. Comme vous en faites très-bien vous-même l'observation, apprendre la musique avec de bonne musique, c'est lire de bons livres, c'est élever immédiatement son organisation à la hauteur des *classiques*, tandis que ne travailler que sur la musique médiocre ou légère, s'est s'exposer à n'être jamais qu'un médiocre musicien. Ce que je remarque encore dans le *Petit Solfége*, c'est l'accompagnement de piano adapté aux leçons, et surtout les exemples de modulations ou de passages d'un ton dans un autre, qui parlant aux yeux, font toucher au doigt la marche et le mécanisme de l'harmonie. La même réflexion s'applique aux *harmonies* de la gamme majeure et de la gamme mineure, et aux *intervalles majeurs, mineurs et justes*, dont M. Batiste donne également des exemples, de même que pour les *intervalles consonnants, attractifs et dissonnants*. Ces exemples offrent surtout l'avantage de dégager l'enseignement de la musique de l'empirisme de la routine, en montrant aux yeux en même temps qu'à l'esprit la raison d'être, en un mot, la *philosophie de l'art*, dans ses principales conditions, la mélodie de l'harmonie. Je ne parle pas de l'ampleur, de l'élégance et de la netteté de l'exécution typographique, qui distinguent toutes les publications du *Ménestrel* et qui brillent particulièrement dans celle-ci.

» C'est vous dire assez, qu'à tous égards, je la recommanderai et la propagerai autant qu'il dépendra de moi. Veuillez communiquer ces quelques lignes à l'artiste éminent et si connu qui y a attaché son nom; il a bien mérité d'un art que nous aimons tous, car cet art est aussi noble et aussi moral qu'il est touchant et divin. »

— Les bons solféges sont d'une telle importance en matière d'enseignement musical que nous n'hésitons pas à publier la nouvelle adhésion que voici, si consciencieusement et si pratiquement motivée, du petit solfége et des tableaux de lecture musicale d'Edouard Batiste.

« Dès que j'ai eu pris connaissance du solfége et de l'atlas de M. Edouard Batiste, il m'est arrivé ce qui arrivera probablement à tous les artistes intelligents qui les connaitront : j'ai été pris du désir de les adopter pour ma classe de la maîtrise. Quinze ans de professorat m'ont mis dans la nécessité de connaître bien des solféges et méthodes de musique vocale. J'ai essayé six ou sept ouvrages, et j'en étais arrivé à me dire : l'un vaut l'autre; celui-ci a des inconvénients, celui-là en a d'autres, et, en somme, j'avais fini par les mettre tous de côté prenant pour solfége un recueil de motets et de messes où j'établissais un certain ordre méthodique et une progression dans les difficultés. Depuis que j'ai reçu le solfége de M. Batiste, je ne dis plus : l'un vaut l'autre; mais celui-ci vaut mieux que tous les autres à lui seul. Voici ce qui, selon moi, lui donne une supériorité réelle sur tous ceux que je connais : 1° la combinaison du solfége avec l'atlas, les tableaux de cet atlas préparant toutes les difficultés d'intonation ou de rhythme qui se rencontrent dans la leçon du solfége; 2° la valeur musicale de toutes les leçons qui se chantent avec plaisir, car l'on sent qu'une main habile les a écrites, et dans un diapason commode à toutes les voix, (De plus, elles ne sont pas d'un rhythme tellement compliqué que l'élève ne puisse les retenir après deux ou trois auditions et les chanter de mémoire); 3° enfin les termes clairs et précis de toutes les notions nécessaires pour savoir lire la musique et commencer à chanter. Voilà, en résumé, ce qui me fait préférer à tous les autres le solfége de M. Batiste.

L'Abbé Ply,

Maître de chapelle de la cathédrale de Soissons.

— Le Petit Solfége de M. Edouard Batiste, et ses tableaux de lecture musicale, sont, du reste, chaque jour, l'objet de nouvelles adhésions de la part des professeurs les plus compétents de la France et de l'étranger. Entre toutes celles que nous avons sous les yeux, citons celles d'un musicien pratique qui a fait ses preuves. Voici ce qu'écrit M. Vincent Grégori à M. Edouard Batiste, en date du 2 juin :

« J'ai pu voir, en parcourant votre Solfége, quel talent et quelle habileté y avaient été déployés. J'ai vu bien des solféges, et j'avoue que le vôtre est de beaucoup supérieur à tous ceux que j'ai employés jusqu'ici. Les exercices les plus arides, les plus stériles dans d'autres solféges, sont rendus *mélodieux* et *harmonieux* dans le vôtre.

« Les théories sont émises avec une clarté et une précision si grandes, que l'élève le plus étourdi ne pourra s'empêcher de les comprendre à la première lecture. L'accompagnement des exercices est d'une richesse d'harmonie peu commune, et que je suis à même d'apprécier à sa juste valeur, étant élève d'Asioli et du Conservatoire de Milan, où j'ai eu le premier prix de composition musicale.

« J'ai pu me rendre compte de la combinaison et du rapport de vos tableaux avec le Solfége, et j'ai vu qu'il était difficile de prendre l'un sans l'autre. Aussi ai-je appuyé près de l'administration autant qu'il était en mon pouvoir, et j'espère qu'elle ne reculera pas devant la dépense de cette double bonne acquisition. Quant à moi, désormais je n'enseignerai plus que par votre méthode, et je la répandrai dans toutes les écoles où le solfége sera pratiqué. »

— Un organiste-compositeur de talent, M. Ch. Collin, qui s'est dévoué à l'enseignement de la musique en Bretagne, nous écrit :

« Je vous remercie de m'avoir adressé le *Solfége préparatoire* de M. Batiste : rien n'est mieux fait et mieux combiné pour les jeunes voix que ce travail, qui fait le plus grand honneur à son auteur. *L'Atlas* qui l'accompagne est un complément des plus heureux; à lui seul il suffirait pour faire d'excellents musiciens et les mettre à même de cultiver avec fruit ces beaux et célèbres solféges du Conservatoire, qui, grâce à vos soins, vont recevoir une nouvelle consécration du monde artistique. Le succès de ces ouvrages est donc assuré, et, pour ma part, dans ma petite sphère, je me promets bien d'en faire usage et de les faire adopter dans nos maisons d'éducation. »

Ainsi, on le voit, tous les collègues de M. Ed. Batiste, tous les conservatoires de nos départements, les lycées et institutions religieuses, approuvent et adoptent non-seulement la nouvelle édition des *Solféges classiques du Conservatoire*, mis à la portée de tous, mais aussi *le Petit Solfége mélodique* et *l'Atlas des 50 tableaux* destinés à servir d'introduction à ces grands solféges. C'est qu'en définitive, et on ne saurait trop le redire, tous ces solféges, petits et grands, sont applicables à toutes les méthodes d'enseignement. La partie pratique en est remarquable, indispensable à tous les titres, et n'est-ce point par la pratique de bons solféges que l'on arrive à faire de bons musiciens?

Laissons à chacun le soin d'exposer et de professer sa *théorie*; c'est surtout en pareille matière que l'on peut dire que tous les chemins mènent, plus ou moins vite, au but proposé; mais, en fait de musique pratique, il importe de rechercher avant tout les bons solféges, les bonnes méthodes, offrant aux élèves des exercices et leçons bien gradués, bien écrits, bien accompagnés, groupés et présentés de manière à développer simultanément la voix et le sentiment de la mélodie et de l'harmonie.

En ce qui touche *l'harmonie*, et comme introduction à tous les traités d'harmonie, le comité des études du Conservatoire vient d'approuver, pour l'étude complémentaire du solfége, le *Petit Solfége harmonique* d'Edouard Batiste, ouvrage conçu sur un nouveau plan essentiellement pratique et destiné à précéder les grands solféges d'ensemble de Cherubini, Méhul, Catel, Gossec 5e livre). « Le *Petit Solfége harmonique* d'Edouard Batiste est appelé à rendre d'importants services, non-seulement aux classes élémentaires du Conservatoire, mais aussi aux autres écoles et aux orphéons, en initiant les élèves à l'étude logique et raisonné de la musique chorale qui a pris depuis quelques années, un si grand développement en France. » (Extrait du Rapport du Comité des études.)

N. B. La belle collection des Solféges du Conservatoire, format partition in-8°, avec transpositions pour les jeunes voix et la remarquable réduction des basses chiffrées pour piano et orgue de M. Edouard Batiste, vient de s'enrichir de deux volumes comprenant les leçons choisies des célèbres solféges d'Italie. Ces leçons, de vrais chefs d'œuvre, signées : Durante, Hasse, Léo, Mazzoni, Scarlatti, etc., forment deux mélodieux recueils (n° 1, pour baryton ou contralto ; n° 2, pour ténor ou soprano), auxquels succède le 6e volume des Solféges du Conservatoire, consacré à l'étude de toutes les clefs. M. Edouard Batiste a réuni, dans ce 6e volume, les plus remarquables leçons des quatre premiers livres, écrites sur toutes les clefs et à changements de clefs, avec exercices préliminaires et un tableau général des voix et rapports des différentes voix entre elles. Les basses chiffrées de ces leçons de Chérubini, Méhul, Catel, Gossec, etc., sont également transcrites pour piano et orgue. Ce 6e volume, destiné à précéder les derniers Solféges de Cherubini, est publié en deux éditions in-8°, avec et sans accompagnement, édition populaire à bon marché.

Pour l'étude spéciale *des clefs*, les artistes trouveront aussi dans la collection des *Solféges du Conservatoire* (avec piano ou orgue, comme avec basse chiffrée) les derniers Solféges de Cherubini, admirables leçons dont il a été fait un 10e volume spécial (clef de sol) pour soprano ou ténor. Aux voix de basse, baryton, ou contralto se recommande le 9e livre, composé des plus belles leçons des Solféges du Conservatoire, avec accompagnement de piano ou orgue, et en édition populaire sans accompagnement.

Annonçons aussi la publication définitive et complète des *Tableaux géants* de lecture musicale, destinés par M. Edouard Batiste, à l'étude des classes d'ensemble, dans nos orphéons, lycées, séminaires et couvents. Déjà, dans les magasins du *Ménestrel*, on peut voir fonctionner l'appareil on ne peut plus simple de cette reproduction géante des 50 TABLEAUX-TYPES du PETIT SOLFÉGE d'Edouard Batiste, ainsi que des 7 Tableaux *bis* et 3 Tableaux consacrés aux accords et modulations, total : 60 TABLEAUX, publiés en deux séries ou rouleaux cartes de 30 Tableaux, se succédant sans interruption : 15 Tableaux au *recto*, 15 Tableaux au *verso*. — Ces rouleaux-cartes se placent sur deux montants à crémaillères fixés au mur de la classe ; ils se développent, au moyen d'une seule manivelle mobile, de haut en bas et de bas en haut (sur une largeur d'un mètre 60 et une hauteur d'un mètre 80). Le troisième rouleau, vide, celui d'en haut, est fixé à la hauteur même de chaque Tableau de 12 portées, de manière à en permettre le développement complet. C'est le rouleau de transmission.

Le prix net des 60 TABLEAUX (avec l'appareil complet) est de 100 francs.

On sait que ces précieux Tableaux, formant l'indispensable atlas du Petit Solfége théorique et pratique, de M. Edouard Batiste, sont publiés : 1° en un recueil format oblong, jésus musique, avec accompagnement de piano ou orgue, pouvant servir aux classes de quatre à dix élèves, au prix net de 5 fr. ; 2° en petit format oblong, sans accompagnement, édition populaire, au prix réduit de 2 fr. 50 c. De plus, il vient de paraître une deuxième édition populaire du *Petit Solfége mélodique* d'EDOUARD BATISTE, divisée en trois livres, du prix net d'UN FRANC, et comprenant les *Tableaux de lecture musicale* : cette édition spéciale est réservée aux élèves des orphéons, lycées et séminaires. Comme on le voit, les éditeurs des Solféges et Méthodes du Conservatoire ont voulu rendre accessibles à toutes les bourses, comme à toutes les voix, les classiques de la lecture musicale.

3193. Paris. — Typ. Morris et Comp., 64, rue Amelot.

BIBLIOTHÈQUE IMPÉRIALE
IMPR.

PETIT SOLFÉGE HARMONIQUE

de

ÉDOUARD BATISTE.

1.er Livre
65 Exemples
avec théorie.

À M.r
AMBROISE THOMAS
de l'Institut.

50 Exercices
à 2, 3 et 4
voix.

PRINCIPES PRÉLIMINAIRES.

L'étude de l'harmonie exige la connaissance approfondie des principes de la Musique. Je suppose donc qu'avant de commencer ce nouvel ouvrage l'élève a étudié avec soin mon **Petit solfége théorique et pratique** et s'est rendu compte des explications et des exemples donnés sur le *nom générique des différents degrés de la gamme;* les *intervalles,* leurs *modifications* et leurs *renversements;* les *modes;* la *tonalite* etc. ainsi que des chapitres qui traitaient déjà de l'harmonie puisqu'ils étaient consacrés à l'étude et à l'analyse des *modulations;* de *l'accord parfait majeur;* de *l'accord parfait mineur;* de *l'accord de quinte diminuée;* de *l'accord de septième de dominante;* de *la cadence parfaite en majeur et en mineur;* enfin de la division des intervalles en intervalles *consonnants, attractifs* et *dissonnants.*

Pourtant ces principes préliminaires sont tellement indispensables pour étudier mon **Solfége harmonique** que je vais les indiquer de nouveau en les complétant.

NOMS GÉNÉRIQUES DES DIFFÉRENTS DEGRÉS DE LA GAMME.

Chaque degré d'une gamme majeure ou mineure a un nom fixe, immuable, dit *générique,* qui indique en même temps sa place et son caractère particulier dans la composition de la gamme.

Le premier degré s'appelle *tonique;* le second degré *sus-tonique;* le troisième *médiante;* le quatrième *sous-dominante;* le cinquième *dominante;* le sixième *sus-dominante;* et le septième *note sensible;* en voici les raisons.

La gamme majeure se divise, dans l'étendue d'une octave, en deux parties exactement semblables. Ces moitiés, ou demi-gammes, formées de quatre sons, sont appelées *trétracordes* (des mots grecs, *trétra,* quatre; *chordê,* corde.) se composant, chacun, de deux tons suivis d'un demi-ton.

EXEMPLE.

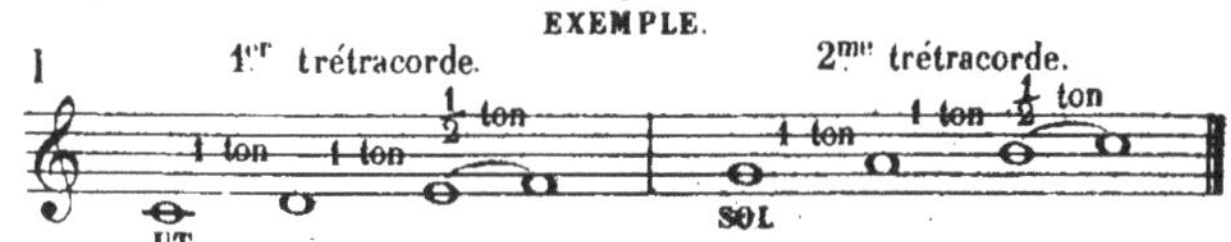

La première note du 1.er trétracorde est appelée *tonique* parce qu'elle donne son nom au *ton* dont elle est la base fondamentale. La première note du 2.me trétracorde, qui est la cinquième note de la gamme, est appelée *dominante* en raison de sa position et de ses fonctions importantes dans la tonalité et l'harmonie.

Le 3.me degré de la gamme est appelé *médiante* (du latin *médium,* milieu) parce qu'il tient le milieu entre la *tonique* et la *dominante* dont la réunion forme l'accord parfait du ton majeur ou mineur.

Le 7.me degré s'appelle *note sensible* ou *sensible* à cause de sa tendance attractive à monter sur l'octave du premier son *(tonique)*

Les 2.me, 4.me et 6.me degrés ne tirent leur nom que de la place qu'ils occupent au-dessus ou au-dessous de la *tonique* et de la *dominante.* Toutefois le 4.me degré ou *sous-dominante* mérite une mention spéciale en raison de sa tendance attractive à descendre sur la *médiante.*

Le nom générique des divers degrés de la gamme majeure ou mineure est le même que la gamme soit ascendante ou descendante. Il n'y a d'exception à cette règle que dans la gamme mineure modifiée (2me manière). Le septième degré, dans la gamme descendante, prend le nom de *sous-tonique* parce que, n'étant plus à un demi-ton de la tonique, il a cessé d'être *note sensible* et d'en avoir le caractère.

EXEMPLES.

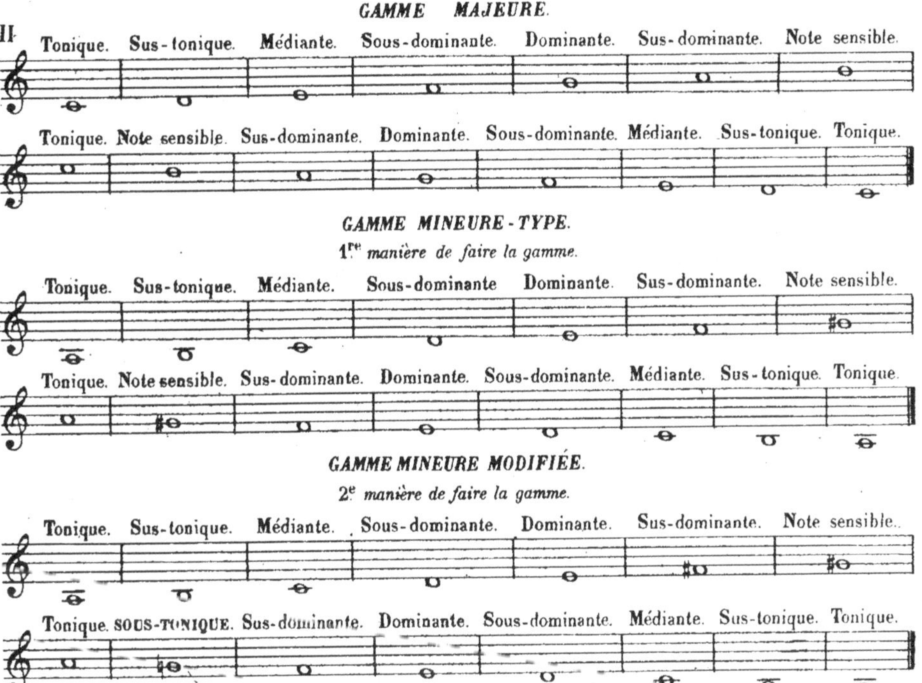

La gamme diatonique des deux modes majeurs et mineurs repose sur *l'accord parfait* qui en est la base fondamentale. Cet accord parfait, composé de la *tonique,* de la *médiante* et de la *dominante,* se complète par le retour de la *tonique* à l'octave supérieure.

DES INTERVALLES.

L'élève sait que les sons entendus successivement forment la *mélodie,* que deux sons différents entendus successivement ou simultanément forment un *intervalle,* et que trois, quatre ou cinq sons simultanés, forment accord ou *harmonie.*

Avant de commencer l'étude de l'harmonie il est indispensable de bien connaître les *intervalles,* le nombre des tons et demi-tons diatoniques et chromatiques dont ils sont composés et les raisons qui, dans leurs diverses modifications, leur ont fait donner les appellations de *mineurs, majeurs, diminués, augmentés, justes* et parfois de *sous-diminués* et de *sur-augmentés.*

Pour cela je ne saurais trop recommander de relire avec soin les deux chapitres consacrés aux *intervalles* dans mon **Petit solfége** et d'apprendre de mémoire le tableau suivant.

TABLEAU GÉNÉRAL

de tous les intervalles, de leurs diverses modifications et de leurs renversements, avec le nombre de tons et de demi-tons diatoniques ou chromatiques dont ils sont composés.

Renversements	Sixte augmentée. 4 tons, 1 demi-ton diatonique et 1 demi-ton chromatique.	Sixte majeure. 4 tons et 1 demi-ton diatonique.	Sixte mineure. 3 tons et 2 demi-tons diatoniques.	Sixte diminuée. 2 tons et 3 demi-tons diatoniques.	Quinte augmentée. 3 tons, 1 demi-ton diatonique et 1 demi-ton chromatique.	Quinte juste. 3 tons et 1 demi-ton diatonique.	Quinte diminuée. 2 tons et 2 demi-tons diatoniques.	Quinte sous-diminuée. 1 ton et 3 demi-tons diatoniques.
Intervalles	Tierce diminuée. 2 demi-tons diatoniques.	Tierce mineure. 1 ton et 1 demi-ton diatonique.	Tierce majeure. 2 tons.	Tierce augmentée. 2 tons et 1 demi-ton chromatique.	Quarte diminuée. 1 ton et 2 demi-tons diatoniques.	Quarte juste. 2 tons et 1 demi-ton diatonique.	Quarte augmentée. 3 tons.	Quarte sur-augmentée. 3 tons et 1 demi-ton chromatique.

Renversements	Quarte sur-augmentée. 3 tons et 1 demi-ton chromatique.	Quarte augmentée. 3 tons.	Quarte juste. 2 tons et 1 demi-ton diatonique.	Quarte diminuée. 1 ton et 2 demi-tons diatoniques.	Tierce augmentée. 2 tons et 1 demi-ton chromatique.	Tierce majeure. 2 tons.
Intervalles	Quinte sous-diminuée. 1 ton et 3 demi-tons diatoniques.	Quinte diminuée. 2 tons et 2 demi-tons diatoniques.	Quinte juste. 3 tons et 1 demi-ton diatonique.	Quinte augmentée. 3 tons, 1 demi-ton diatonique et 1 demi-ton chromatique.	Sixte diminuée. 2 tons et 3 demi-tons diatoniques.	Sixte mineure. 3 tons et 2 demi-tons diatoniques.

Renversements	Tierce mineure. 1 ton et 1 demi-ton diatonique.	Tierce diminuée. 2 demi-tons diatoniques.	Seconde augmentée. 1 ton et 1 demi-ton chromatique.	Seconde majeure. 1 ton.	Seconde mineure. 1 demi-ton diatonique.	Intervalle chromatique. 1 demi-ton chromatique.	UNISSON.
Intervalles	Sixte majeure. 4 tons et 1 demi-ton diatonique.	Sixte augmentée. 4 tons, 1 demi-ton diatonique et 1 demi-ton chromatique.	Septième diminuée. 3 tons et 3 demi-tons diatoniques.	Septième mineure. 4 tons et 2 demi-tons diatoniques.	Septième majeure. 5 tons et 1 demi-ton diatonique.	Octave diminuée. 4 tons et 3 demi-tons diatoniques.	Octave juste. 5 tons et 2 demi-tons diatoniques.

Le tableau précédent ne renferme que les intervalles contenus dans une octave et par conséquent seuls suceptibles d'être renversés. Indépendamment de ces intervalles il y en a trois qui sont employés en harmonie *l'octave augmentée*, la *neuvième mineure* et la *neuvième majeure*.

Octave augmentée. 5 tons, 2 demi-tons diatoniques et 1 demi-ton chromatique.	Neuvième mineure. 5 tons et 3 demi-tons diatoniques.	Neuvième majeure. 6 tons et 2 demi-tons diatoniques.

La classification des intervalles, que j'ai indiquée dans cet ouvrage, est celle adoptée pour les classes du Conservatoire et la plus généralement usitée; néammoins je dois dire que plusieurs musiciens illustres, notamment MM.rs Fétis et Halévy, en ont adopté une autre et n'emploient le mot *juste* que pour l'octave.

Ils conservent les mêmes dénominations pour les intervalles de *seconde, tierce, sixte, septième* et *octave* et appellent ainsi qu'il suit les diverses modifications de la *quarte* et de la *quinte* et leurs renversements.

IV

Quinte augmentée.	Quinte majeure.	Quinte mineure.	Quinte diminuée.	Quarte augmentée.	Quarte majeure.	Quarte mineure.	Quarte diminuée.
Quarte diminuée.	Quarte mineure.	Quarte majeure.	Quarte augmentée.	Quinte diminuée.	Quinte mineure.	Quinte majeure.	Quinte augmentée.

Tous les *intervalles composés,* qui excèdent l'octave, sont les répliques des *intervalles simples* compris dans l'octave et reproduisent à une octave supérieure toutes les modifications indiquées au tableau général qui précède. La *neuvième* seule, employée en harmonie comme *neuvième,* c'est-à-dire comme intervalle dissonant, et non comme réplique de la *seconde,* n'a que deux modifications, elle est *mineure* ou *majeure,* jamais *augmentée.*

INTERVALLES CONSONNANTS ET DISSONNANTS.

En harmonie tous les intervalles et toutes les modifications dont on vient de parler sont divisés en deux classes: **intervalles consonnants, intervalles dissonnants.**

Les **intervalles consonnants** ou autrement dit les **Consonnances** se subdivisent en *parfaites, imparfaites,* et *attractives.*

Les **Consonnances parfaites** sont la *quinte* et l'*octave* dites *justes* parce qu'elles sont identiques dans les deux modes et qu'elles ne peuvent être altérées sans cesser d'être *consonnances.* En effet, la *quinte* et l'*octave justes* sont immuables dans la formation des accords parfaits majeurs et mineurs.

La *quarte juste* procède de la *quinte juste* dont elle est le renversement. Aussi, en harmonie, donne-t-on également à cet intervalle le nom de **consonnance parfaite** lorsqu'il est employé comme renversement de la *quinte* dans le 2.d renv.t des accords renfermant une 5.te *juste* à l'état fondamental.

Les **Consonnances imparfaites** sont la *tierce* et la *sixte,* majeures ou mineures, parce qu'elles changent de nature selon le mode et peuvent être baissées d'un demi-ton, c'est-à-dire devenir *mineures* au lieu de rester *majeures* sans cesser d'être consonnances.

Les **Consonnances attractives** sont la *quarte augmentée* et la *quinte diminuée* formées par la *sous-dominante* et la *note sensible* de chaque gamme dans les deux modes. On donne ce nom à ces deux intervalles à cause de la tendance attractive qui, dans le système de la tonalité moderne, porte le 7.me degré (*sensible*) à monter d'un degré sur l'*octave de la tonique* et le 4.me degré (*sous-dominante*) à descendre d'un degré sur la *médiante.*

Enfin les **intervalles dissonnants** ou les **dissonnances** sont formés par **tous les intervalles** quels qu'ils soient ou modifications d'intervalles dont les deux sons ne forment pas une consonnance *parfaite, imparfaite* ou *attractive.*

NOTA. En disant pourquoi on donne le nom de *consonnances parfaites* à la *quinte* et à l'*octave,* et de *consonnances imparfaites* à la *tierce* et à la *sixte* j'ai reproduit l'explication adoptée dans les classes du Conservatoire et presque unanimement indiquée dans les principaux traités d'harmonie et de contrepoint notamment dans ceux de CHERUBINI et CATEL. Voici maintenant à ce sujet la théorie de M.r Fétis dans son traité du Contrepoint et de la Fugue.
«On donne à la *quinte* et à l'*octave* le nom de *consonnances parfaites,* parce que ces intervalles produisent sur l'ouïe «la sensation du repos absolu. La *tierce,* qui ne cause cette sensation que dans un degré beaucoup plus faible, et «la *sixte* qui y est absolument opposée, prennent le nom de *consonnances imparfaites.*»

DES INTERVALLES OBTENUS DIATONIQUEMENT ET CHROMATIQUEMENT.

Certaines modifications d'intervalles s'obtiennent *diatoniquement*, c'est-à-dire par deux sons appartenant à une même gamme majeure ou mineure. D'autres ne s'obtiennent que *chromatiquement*, c'est-à-dire par l'altération ascendante ou descendante des notes diatoniques. En voici l'indication générale, d'autant plus utile à l'élève, que ce travail n'a été publié, je le crois, dans aucun ouvrage.

Intervalle de seconde. — Les secondes mineures et majeures se rencontrent *diatoniquement* dans les deux modes. La seconde augmentée ne se rencontre *diatoniquement* que dans la gamme mineure-type du 6.me au 7.me degrés, (de la *sus-dominante* à la *note sensible).*

Intervalle de tierce. — La tierce mineure et la tierce majeure se rencontrent *diatoniquement* dans les deux modes. La tierce diminuée et la tierce augmentée ne peuvent s'obtenir que *chromatiquement.*

Intervalle de quarte. — La quarte juste et la quarte augmentée se rencontrent *diatoniquement* dans les deux modes et la quarte diminuée dans le mode mineur seulement (de la *note sensible* à la *médiante).* La quarte sur-augmentée ne peut s'obtenir que *chromatiquement.*

Intervalle de quinte. — La quinte juste et la quinte diminuée se rencontrent *diatoniquement* dans les deux modes et la quinte augmentée dans le mode mineur seulement (de la *médiante* à la *note sensible).* La quinte sous-diminuée ne peut s'obtenir que *chromatiquement.*

Intervalle de sixte. — La sixte mineure et la sixte majeure se rencontrent *diatoniquement* dans les deux modes. La sixte diminuée et la sixte augmentée ne peuvent s'obtenir que *chromatiquement.*

Intervalle de septième. — La septième mineure et la septième majeure se rencontrent *diatoniquement* dans les deux modes. La septième diminuée ne se rencontre *diatoniquement* que dans la gamme mineure-type, de la *note sensible* à la *sus-dominante.*

Intervalle d'octave. — L'octave *juste* se rencontre *diatoniquement* dans les deux modes. L'octave diminuée et l'octave augmentée ne peuvent s'obtenir que *chromatiquement.*

Intervalle de neuvième. — La neuvième employée comme réplique ou redoublement de la seconde s'obtient comme il est indiqué ci-dessus à cet intervalle. La neuvième employée en harmonie comme neuvième n'a que deux modifications, mineure et majeure, qui s'obtiennent *diatoniquement* dans les deux modes.

DES MODES.

J'ai indiqué d'une manière très complète, dans mon **Petit solfége,** la théorie du mode majeur et du mode mineur; celle des intervalles distinctifs de chaque mode; les différents caractères de la gamme majeure et de la gamme mineure, enfin les deux manières usitées pour la notation de cette dernière gamme. L'élève fera bien de revoir ce chapitre (page 51 du solfége avec accompagnement; page 32 de l'édition populaire) Les trois leçons à deux voix qui suivent, sur les gammes d'*ut majeur,* de *la mineur,* et de *sol majeur* et *mi mineur,* sont l'application de cette théorie.

Moderato. (𝅗𝅥 = 88)
1re PARTIE.
2me PARTIE.
No 1.
Moderato.
PIANO
ou
ORGUE.
p
f
mzf
1
2

Nº 2.

Moderato. (𝅗𝅥 = 88)

1re

p Gamme mineure modifiée.

2e

mf Gamme mineure modifiée.

f Gamme descendante.

Moderato.

p Gamme mineure-type.

mf Gamme mineure-type.

f Gamme descendante.

Moderato. (𝅗𝅥 = 88)
1re
2e
Nº 3.
Moderato.
Gamme de sol majeur.
mzf
f
p
Gamme de mi mineur modifiée.
Gamme descendante.
Gamme de sol.

1
2
mzf
p
Gamme_mineure-type.
mzf
f
Gamme_de_sol_majeur.

DE L'ACCORD PARFAIT MAJEUR.

L'*accord parfait,* qui produit à lui seul un sens complet, est formé de deux tierces superposées. Dans l'accord parfait majeur la 1.re tierce est majeure, la 2.de tierce est mineure.

Mais, en harmonie, tous les sons d'un même accord se comptant indistinctement sur la note de basse (la note fondamentale), l'*accord parfait majeur* est donc composé d'une *tierce majeure* et d'une *quinte juste.*

ACCORD PARFAIT MAJEUR.

Cet accord a deux renversements, c'est-à-dire qu'il peut être presenté dans un autre ordre de progression, puisqu'alternativement chaque note de l'accord fondamental sert de note de basse. Un accord n'est à l'état fondamental que lorsque toutes les notes qui le composent se succèdent par progression de tierces superposées.

ACCORD PARFAIT MAJEUR ET SES DEUX RENVERSEMENTS.

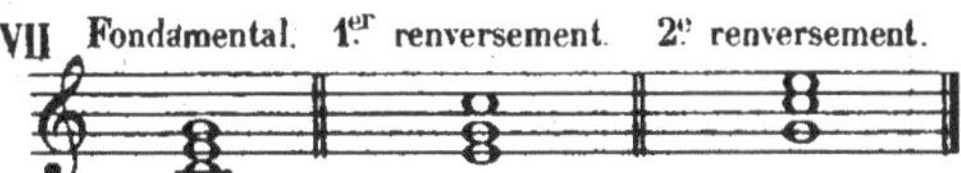

Le premier renversement de l'*accord parfait majeur* s'appelle *accord de sixte* et se compose d'une *tierce mineure* et d'une *sixte mineure.*

Le deuxième renversement de l'*accord parfait majeur* s'appelle *accord de quarte et sixte* et se compose d'une *quarte juste* et d'une *sixte majeure.*

En harmonie tous les accords sont représentés par des chiffres et ces chiffres représentent eux-mêmes un intervalle faisant partie de l'accord.

L'*accord parfait* se chiffre par un 5 (quinte), (un 3 et un 8, indiquant la tierce et l'octave, peuvent aussi représenter l'accord parfait); son 1.er renversement par un 6 (sixte); son 2.me renversement par $\frac{6}{4}$ (sixte et quarte).

VIII Accord parfait. Accord de sixte, 1.er renvt Accord de quarte et sixte, 2.me renvt

5 6 6 4

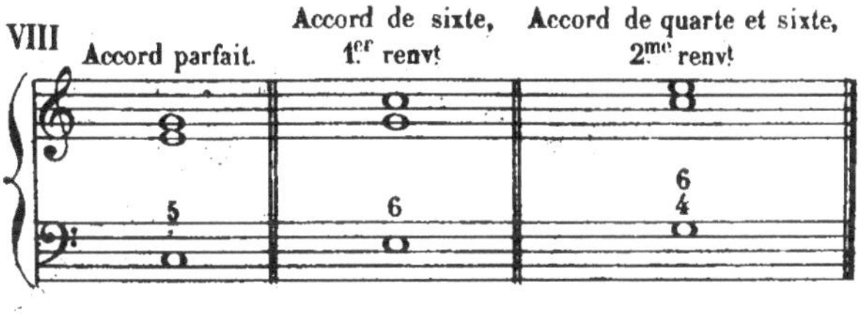

Exercice à trois voix égales sur l'accord parfait majeur d'ut, tonique.

Après avoir fait exécuter cet exercice et ceux qui suivent en les accompagnant, le professeur donnera l'accord et les élèves chanteront sans accompagnement pour mieux saisir à l'oreille la différence qui existe entre l'accord fondamental et ses renversements. Dans les classes où l'on ne pourrait diviser les élèves en trois ou quâtre groupes le professeur chantera soit la 3me, soit la 4me partie ou les exécutera sur le piano ou l'orgue. Enfin dans les classes où il y aurait des voix d'hommes au lieu de voix d'enfants, le professeur exécutera l'accompagnement des exercices spéciaux à l'octave au-dessous puisque les voix d'hommes sont plus graves d'une octave et que cet accompagnement n'est que la transcription des voix d'enfants ou de femmes à leur diapason naturel.

L'harmonie de la gamme majeure renferme deux autres *accords parfaits majeurs* en tout semblables à celui de la *tonique* et qui sont placés sur la *sous-dominante* (4me degré) et sur la *dominante* (5me degré). Ces accords ont aussi deux renversements.

ACCORD PARFAIT MAJEUR SUR LA DOMINANTE ET SES DEUX RENVERSEMENTS.

IX

Accord parfait. — Accord de sixte, 1er renvt — Accord de quarte et sixte, 2me renvt

5 — 6 — 6 4

Exercice sur l'accord parfait majeur de *sol,* dominante d'*ut.*

Leçon sur les accords de *tonique* et de *dominante*.

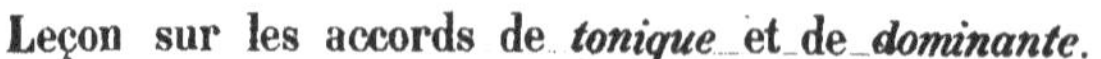

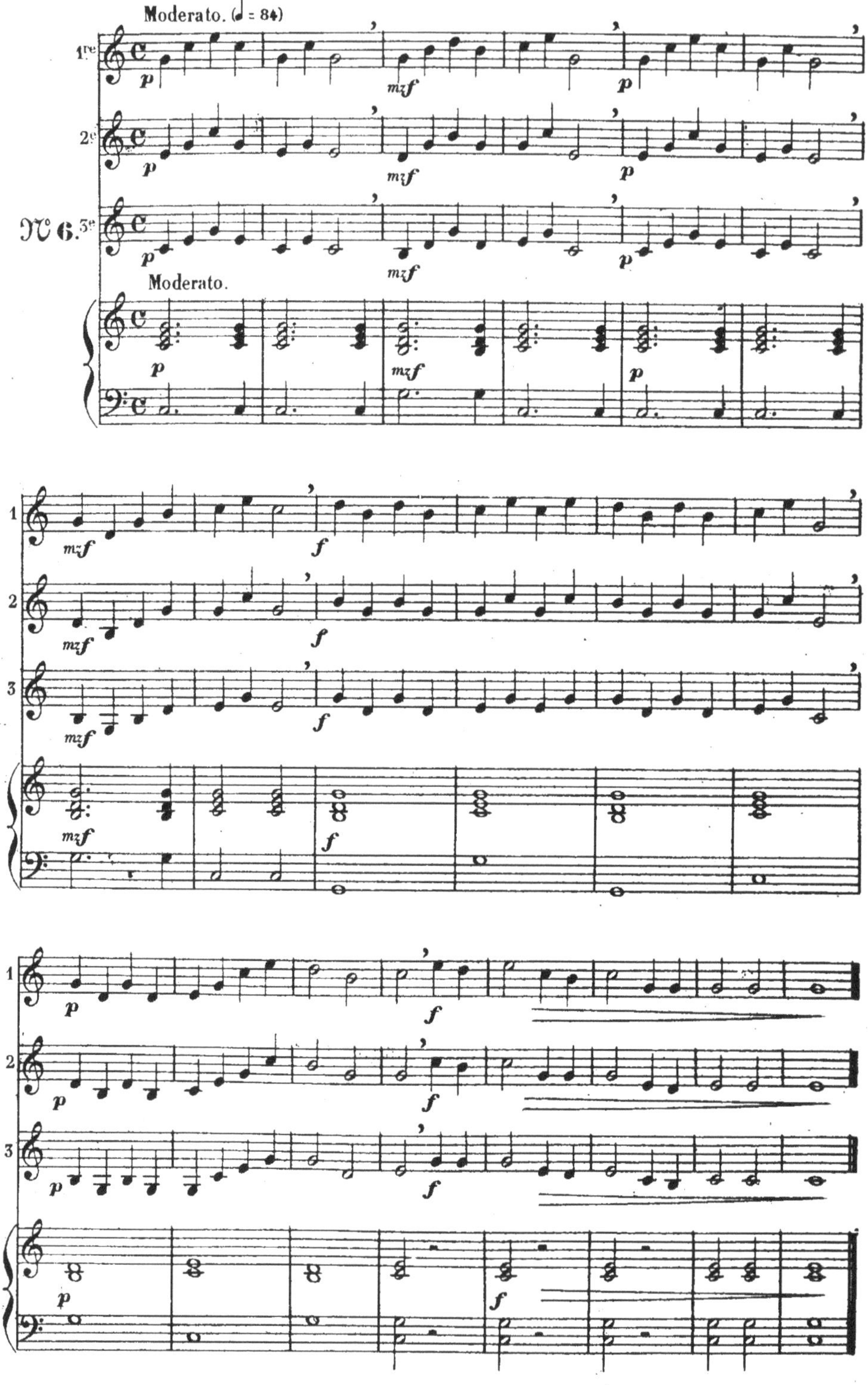
Moderato. (𝅗𝅥 = 84)
1re
2e
Nº 6. 3e
Moderato.
1
2
3
p
mzf
f

X

Accord parfait. — Accord de sixte, 1er renvt — Accord de quarte et sixte, 2e renvt

5 — 6 — 6/4

Exercice sur l'accord parfait majeur de *fa*, sous-dominante d'*ut*.

Leçon sur les accords de *tonique* et de *sous-dominante*.

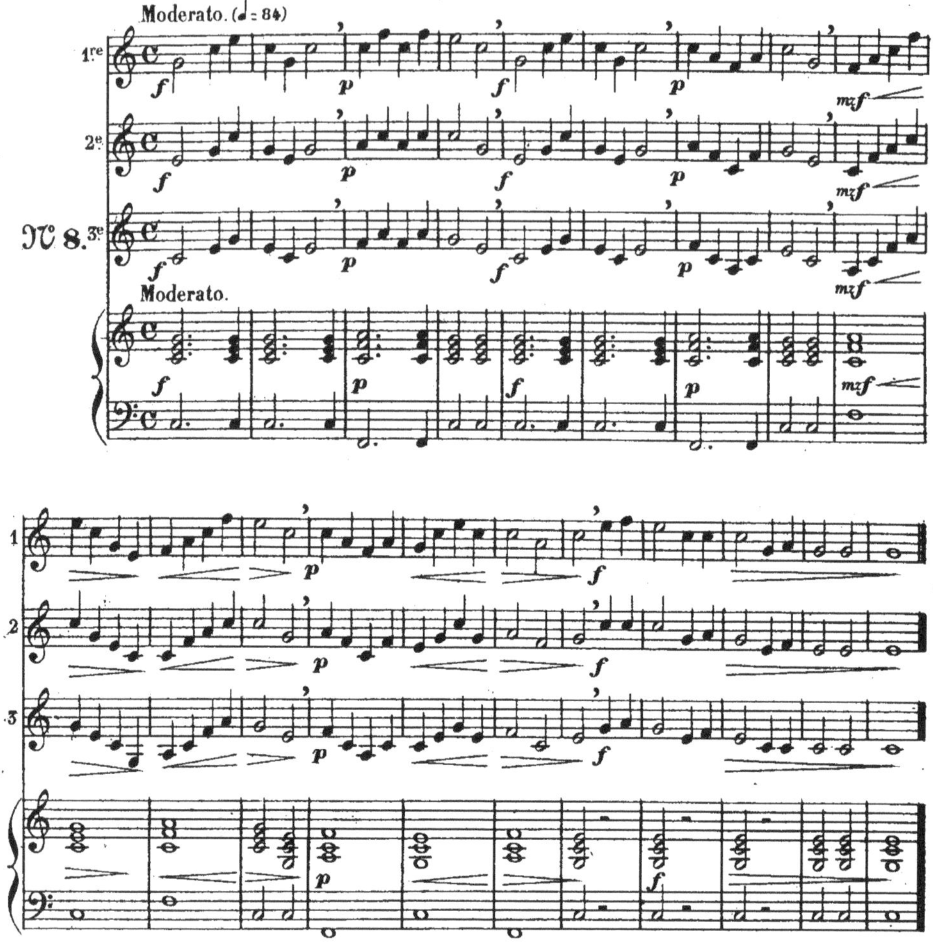
Moderato. (♩ = 84)
1re
2e
No 8. 3e
Moderato.
f
p
mzf
1
2
3

Leçon sur les accords de *tonique*, de *dominante* et de *sous-dominante*.

Moderato. (♩ = 84)
1re
2e
No 9. 3e
Moderato.
mzf
f

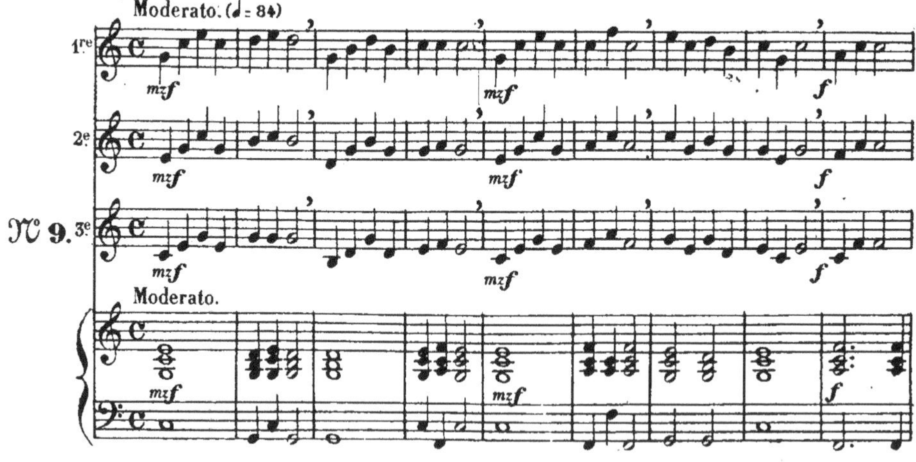

DES MOUVEMENTS HARMONIQUES.

On appelle mouvement harmonique la marche progressive de plusieurs sons formant entre-eux une suite d'intervalles ou d'accords.

Il y a trois mouvements harmoniques: le *direct* ou *semblable*, l'*oblique* et le *contraire*.

Le mouvement *direct* est celui résultant de deux ou plusieurs parties qui montent ou descendent en même temps.

Le mouvement *oblique* résulte de deux ou plusieurs parties dont les unes restent en place, c'est-à-dire, au même degré, pendant que les autres montent ou descendent.

Le mouvement *contraire* est celui que font deux ou plusieurs parties dont les unes montent pendant que les autres descendent.

Leçons à deux voix sur le mouvement direct ou semblable.*

Allegretto ma non troppo. (♩ = 100)
1re
2e
N° 11.
Allegretto ma non troppo.
p
mzf

Leçon sur le mouvement oblique.

N° 12.

1
2
crescendo.
f
mf
p

Leçon sur le mouvement direct et le mouvement oblique.

1
2
p
ritardando.
p a tempo.
mzf
p
mzf
p

Les précédents exercices à trois voix, sur les accords parfaits majeurs d'*ut*, de *fa* et de *sol* ainsi que les précédentes leçons à deux voix, procédaient seulement par mouvement direct ou mouvement oblique. La leçon suivante, sur la réunion des trois accords parfaits majeurs de la gamme majeure, procède, à la fois et successivement, par les trois mouvements *direct, oblique* et *contraire*. Le professeur les fera analyser à l'élève en lui faisant remarquer que chaque partie alternativement au moyen de notes tenues, produit le mouvement oblique pendant que les deux autres parties marchent par mouvements semblable ou contraire.

Moderato. (𝅗𝅥 = 80)

Nº 14. 1re 2e 3e

Moderato.

DE L'ACCORD PARFAIT MINEUR.

Dans l'accord parfait mineur la première tierce est mineure, la deuxième tierce est majeure.

XIV

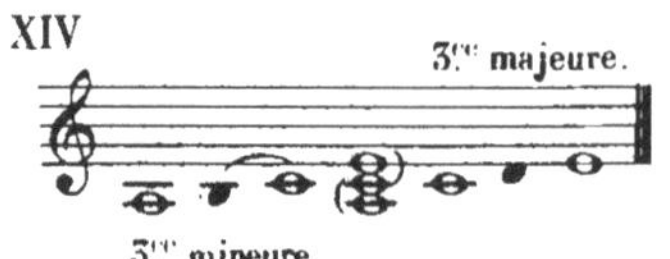

Toutes les notes d'un accord, ainsi que cela a été expliqué pour l'accord parfait majeur, se comptant à partir du son fondamental, l'*accord parfait mineur*, est composé d'une *tierce mineure* et d'une *quinte juste*.

XV ACCORD PARFAIT MINEUR.

3ce mineure. 5te juste.

Cet accord a aussi deux renversements.

ACCORD PARFAIT MINEUR ET SES DEUX RENVERSEMENTS.

XVI Fondamental. 1er renversement. 2me renversement.

Le premier renversement de l'*accord parfait mineur* s'appelle *accord de sixte* et se compose d'une *tierce majeure* et d'une *sixte majeure*.

Le deuxième renversement de l'*accord parfait mineur* s'appelle accord de *quarte et sixte* et se compose d'une *quarte juste* et d'une *sixte mineure*.

Comme pour l'accord parfait majeur les chiffres 3, 5 ou 8 indiquent l'*accord parfait mineur*; le chiffre 6 le 1er renversement et les chiffres $\frac{6}{4}$ le 2me renversement.

XVII Accord parfait. Accord de sixte, 1er renvt. Accord de quarte et sixte, 2e renvt.

5 6 6 4

Dans les leçons ou exercices précédents **nous** avons pris le **mode majeur** pour étudier *l'accord parfait majeur* et la place que cet accord occupait sur les 1er, 4me et 5me degrés de la gamme majeure. Nous allons prendre le **mode mineur** pour étudier l'*accord parfait mineur* et ses diverses positions dans la gamme de ce mode.

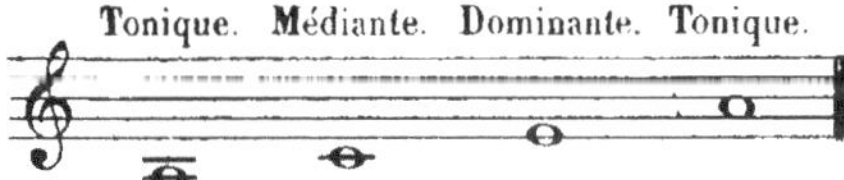

Exercice sur l'accord parfait mineur de *la* **tonique**.

L'harmonie de la gamme mineure renferme un autre *accord parfait mineur* en tout semblable à celui de la *tonique* et qui est placé sur la *sous-dominante* (4me degré). Cet accord a aussi deux renversements.

ACCORD PARFAIT MINEUR SUR LA SOUS-DOMINANTE ET SES DEUX RENVERSEMENTS.

XVIII Accord parfait. | Accord de sixte, 1er renvt | Accord de quarte et sixte, 2e renvt

5 | 6 | 6 4

Exercice sur l'accord parfait mineur de *ré* sous-dominante de *la*.

Leçon sur les accords mineurs de *tonique* et de *sous-dominante*.

La nécessité d'élever d'un demi-ton le 7me degré de la gamme mineure afin d'avoir une note sensible comme dans la gamme majeure fait que l'on a sur le 5me degré (*dominante*) un accord parfait majeur au lieu d'un accord parfait mineur.

ACCORD PARFAIT MAJEUR, SUR LE 5e DEGRÉ DE LA GAMME MINEURE, ET SES DEUX RENVERSEMENTS.

XIX

Accord parfait. | Accord de sixte. 1er renvt | Accord de quarte et sixte. 2e renvt

♯ (1) | 6 | ♯6 4

Nous allons étudier cet accord en le réunissant successivement aux deux accords qui précèdent. Ces trois accords, placés sur la *tonique*, la *sous-dominante* et la *dominante*, forment, dans le mode mineur comme dans le mode majeur, les trois degrés principaux de la tonalité.

EXEMPLES.

XX *MODE MAJEUR.* *MODE MINEUR.*

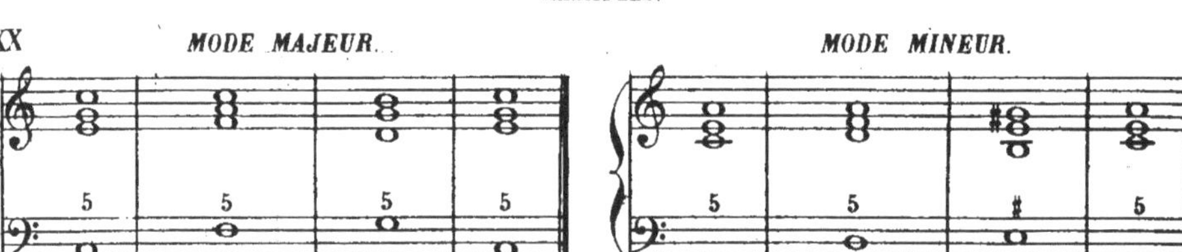

Tonique. Sous-dominante. Dominante. Tonique. | Tonique Sous-dominante. Dominante. Tonique.

Leçon sur les accords de *tonique* et de *dominante*.

(1) Un signe d'altération, placé seul sur une note de basse, indique un accord parfait dont la tierce est altérée. Un signe d'altération placé sous un chiffre indique également l'altération de la tierce de la note de basse, enfin on place les signes d'altération à la gauche des chiffres pour indiquer l'altération des intervalles que ces chiffres représentent.

1
2
3
mzf
Leçon sur les accords de *tonique*, de *sous-dominante* et de *dominante*.
Moderato. (♩= 84)
1re
2e
3e
Nº 19.
Moderato.
p
mzf
f

Leçons à deux voix en *la* mineur.

Allegretto. (♩= 108)
1re
2e
N° 21.
Allegretto.
p
mzf
f
1
2

1
2
mzf
p
f
1re
2e
Andantino. (♩. = 76)
Andantino.
№ 22.

1
2
p
mzf
mf
f
pp

Andantino con moto. (♩=92)
1re
2e
No 23.
Andantino con moto.
p
mzf
pp

pp
mzf
p
crescendo.

Leçon à trois voix en *la* mineur.

L'*accord parfait majeur* et l'*accord parfait mineur* se rencontrent en nombre égal dans l'harmonie naturelle de la gamme majeure.

Il y a trois accords parfaits majeurs placés sur les 1er, 4e et 5e degrés et trois accords parfaits mineurs sur les 2e, 3e et 6e degrés.

XXI

Accord parfait majeur.	Accord parfait mineur.	Accord parfait mineur.	Accord parfait majeur.	Accord parfait majeur.	Accord parfait mineur.

L'harmonie de la gamme mineure donne deux accords parfaits mineurs sur les 1er et 4e degrés et deux accords parfaits majeurs sur les 5e et 6e degrés.

Dans cette gamme on obtient un 3e accord parfait majeur sur le 3e degré par l'altération ou la suppression de la note sensible ainsi que cela se pratique en descendant dans la gamme mineure-modifiée.

XXII

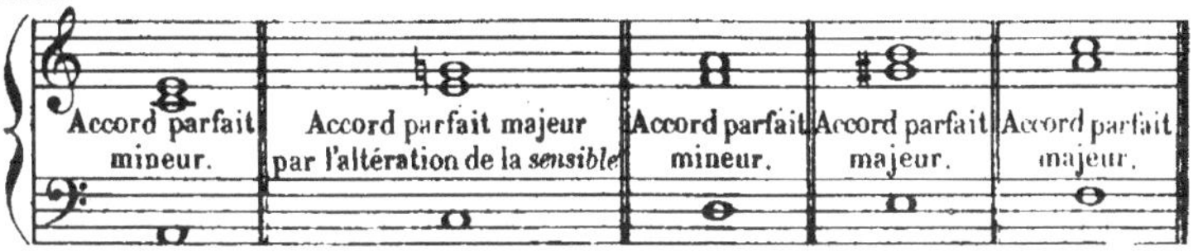

Accord parfait mineur.	Accord parfait majeur par l'altération de la *sensible*	Accord parfait mineur.	Accord parfait majeur.	Accord parfait majeur.

On n'obtient pas d'accord parfait majeur ou mineur sur le 7.e degré de la gamme majeure ni sur les 2.e et 7.e degrés de la gamme mineure parce que la quinte donnée par les notes de la gamme est *diminuée* au lieu d'être *juste* et que la *quinte juste* seule donne la sensation du repos absolu, sensation indispensable à l'accord parfait.

L'accord parfait majeur ou mineur, à son état fondamental, est le seul accord qui puisse servir de point final à une phrase musicale.

NOTA. La quinte diminuée *si fa*, ayant un demi-ton de moins que les six quintes justes formées par les six premiers degrés de la gamme modèle d'*ut*, n'a pu devenir *juste* à son tour qu'en élevant le *fa* ou en abaissant le *si*.

_ EXEMPLE.

Voilà comment le *fa* se trouve être le premier dièze et le *si* le premier bémol, comment enfin les dièzes se succèdent par quintes justes en montant et les bémols par quintes justes en descendant.

DE L'ACCORD DE QUINTE DIMINUÉE.

L'accord de *quinte diminuée* se place sur la note sensible (7.e degré) dans les deux modes et aussi sur le 2.e degré (sus-tonique) de la gamme mineure. Il complète l'harmonie consonnante, formée par des accords de trois sons, sur les degrés des gammes majeures et mineures qui ne portaient pas un accord parfait majeur ou mineur.

Dans l'accord de *quinte diminuée* la 1.re et la 2.e tierce sont mineures.

Cet accord est donc composé d'une *tierce mineure* et d'une *quinte diminuée*.

Cet accord a aussi deux renversements.

ACCORD DE QUINTE DIMINUÉE ET SES DEUX RENVERSEMENTS.

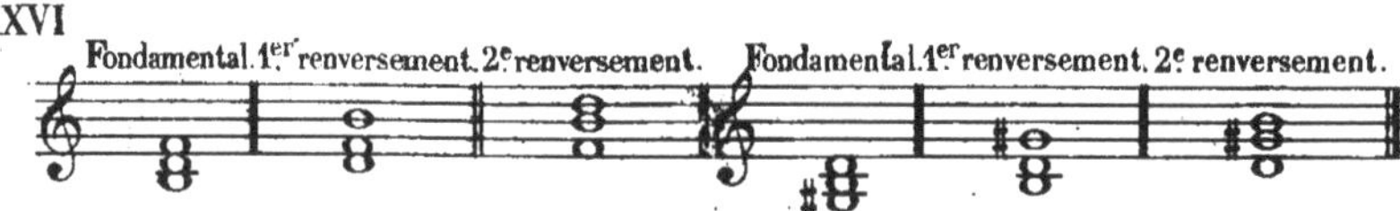

Le premier renversement de l'accord de *quinte diminuée* s'appelle *accord de sixte* et se compose d'une *tierce mineure* et d'une *sixte majeure*.

Le deuxième renversement de l'accord de *quinte diminuée* s'appelle *accord de quarte augmentée et sixte* et se compose d'une *quarte augmentée* et d'une *sixte majeure*.

L'accord de *quinte diminuée* se chiffre par un 5 traversé d'une petite barre oblique 5̸, et comme dans les accords parfaits majeurs et mineurs le 1er renversement se chiffre par un 6 et le 2e renversement par $\substack{6\\4}$. (1)

XXVII

Accord de quinte diminuée. | Accord de sixte, 1er renv! | Accord de quarte augmentée et sixte, 2e renv!

5̸ | 6 | 6 4

Accord de quinte diminuée. | Accord de sixte, 1er renv! | Accord de quarte augmentée et sixte, 2e renv!

5̸ | ♯6 | 6 ♯4

Le système de la tonalité moderne repose sur les tendances attractives de la *sous-dominante* et de la *note sensible*, tendances sur lesquelles, nous l'avons dit, on ne saurait trop appeler l'attention de l'élève.

La *sous-dominante* tend à descendre d'un degré (2de) sur la *médiante* pour faire reconnaître le mode, la *sensible* tend à monter d'un degré (2de) pour faire entendre l'octave de la *tonique*.

En harmonie on appelle l'intervalle de quarte *augmentée* (FA – SI) et celui de quinte *diminuée* (SI – FA) formé par la réunion de la sous-dominante et de la sensible *consonnances attractives*.

La *sensible* ne monte jamais que d'un demi-ton diatonique, quel que soit le mode.

La *sous-dominante* descend, dans le mode majeur, d'un demi-ton diatonique sur la tierce majeure et dans le mode mineur d'un ton sur la tierce mineure.

Comme l'indique l'exemple suivant, l'intervalle attractif de *quinte diminuée* se résout, c'est à dire conclut ou termine son sens harmonique, selon le mode, sur une *tierce* majeure ou mineure et l'intervalle attractif de *quarte augmentée* se résout sur une *sixte* mineure ou majeure.

EXEMPLE.

XXVIII

L'accord de *quinte diminuée* placé sur la *note sensible*, renfermant la consonnance attractive de quinte diminuée *si fa* en *ut majeur*, *sol ♯ ré* en *la mineur*, appelle à sa suite un autre accord qui permette à ces deux notes de se résoudre selon leurs tendances harmoniques.

(1) Une barre oblique ⁄ traversant un chiffre indique que l'intervalle représenté par le chiffre est *diminué*.

Exercice à trois voix sur l'accord de quinte diminuée et ses renversements avec sa résolution naturelle.

J'ai dit dans mon **petit solfége théorique et pratique** qu'il n'y avait que deux gammes fondamentales, la gamme d'*ut majeur* et la gamme de *la mineur;* que toutes les autres ne faisaient que reproduire plus haut ou plus bas la progression de ces deux *gammes modèles*, qui sont la base des deux modes majeur et mineur. Mais j'ai eu le soin d'ajouter que si, mélodiquement, toutes les gammes majeures étaient semblables à celle d'*ut* et toutes les gammes mineures à celle de *la* cette multiplicité de gammes avait sa raison d'être, car elle constituait non seulement des individualités mais aussi le coloris et le sentiment dans la musique.

En effet, si chaque tonalité majeure ou mineure a son caractère propre, il en est de même de chaque gamme qui a sa sonorité particulière donnant des effets plus ou moins brillants, doux, suaves, tristes ou éclatants. La nature de chacune de ces gammes permet donc au compositeur d'exprimer plus particulièrement les divers sentiments.

De plus, aux voix comme aux instruments, certains tons sont plus favorables que d'autres. L'exercice suivant, en mode majeur, transposé dans divers tons, puis reproduit en mode mineur (de façon à faire apprécier que la grande différence des modes consiste seulement dans deux intervalles de la gamme, la *tierce* et la *sixte*, qui sont majeures dans la gamme majeure et mineures dans la gamme mineure,) fera complètement saisir ces diverses variétés de sonorité et de caractère.

Andantino. (♩= 80)

1re

2e

Nº 26 bis.

3e

Andantino.

f p mzf

1 2 3

f

Andantino. (♩= 80)

1re

2e

Nº 26 ter.

3e

Andantino.

f p mzf

1
2
3
Andantino. (♩=80)
1re
2e
3e
Nº 26
quater.
Andantino.
f
p
mzf
1
2
3

Andantino. (♩=80)
1er
2e
3e
Nº 26
quintet.
Andantino.
f
p
mzf
1
2
3
Même exercice, transformé en mineur.
Andantino. (♩=80)
Nº 27.
Andantino.

Andantino. (♩=80)
1re
2e
3e
Nº 27 bis.
Andantino.
f
p
mzf

Andantino. (𝅗𝅥=80)
1re
2e
3e
Nº 27
ter.
Andantino.
f
p
mzf
1
2
3
Andantino. (𝅗𝅥=80)
Nº 27
quater.
Andantino.

N° 27
quinter.

Les transpositions qui précèdent, que j'aurais pu multiplier dans les deux modes, suffiront pour faire parfaitement apprécier à l'oreille comme à l'esprit combien les diverses gammes majeures et mineures, d'une sonorité et d'un caractère si différents, sont absolument indispensables en musique.

En peinture on ne peut se passer de l'échelle chromatique des couleurs, il en est de même en musique pour l'échelle chromatique des tons.

ACCORDS DISSONNANTS.

ACCORD DE SEPTIÈME DE DOMINANTE.

L'accord de *septième de dominante*, est ainsi appelé parce qu'il ne se pose que sur le cinquième degré (*dominante*) dans les deux modes. Il est composé d'une *tierce majeure*, d'une *quinte juste* et d'une *septième mineure* et se chiffre par un 7 avec une croix dessous, $\underset{+}{7}$. En harmonie la petite croix + est un signe qui indique la note sensible.

Cet accord est d'une grande richesse harmonique et d'un emploi constant dans les modes majeur et mineur.

Deux notes de cet accord ont, dans leur enchaînement avec l'accord suivant, un **mouvement obligé**. La *tierce* (qui est la note sensible) doit monter d'un degré; la *septième* (qui est la dissonnance) doit descendre d'un degré. Ces deux notes, *tierce* et *septième*, forment entre-elles la *consonnance attractive* de *quinte diminuée* dont les tendances attractives ont été expliquées dans l'accord précèdent. Les notes qui, dans un accord fondamental, ont un *mouvement obligé* doivent également obéir à ce mouvement dans tous les renversements.

L'accord de *septième de dominante* a trois renversements.

Le premier renversement, appelé accord de *quinte diminuée et sixte*, se pose sur la *sensible* dans les deux modes, est composé d'une *tierce mineure*, d'une *quinte diminuée* et d'une *sixte mineure* et se chiffre ainsi $\begin{smallmatrix}6\\5\end{smallmatrix}$.

Le second renversement, appelé accord de *sixte sensible*, se pose sur la *sus-tonique* dans les deux modes, est composé d'une *tierce mineure*, d'une *quarte juste* et d'une *sixte majeure* et se chiffre ainsi +6. Parfois dans cet accord, lorsque la basse se porte du 2e degré sur le 3e, on fait monter le 4e sur la dominante. On trouve un emploi remarquable de cette exception dans le sublime *ave verum* de **Mozart**.

Le troisième renversement, appelé accord de *triton* (à cause de la quarte augmentée composée de trois tons), se pose sur la *sous-dominante* dans les deux modes, est composé d'une *seconde majeure*, d'une *quarte augmentée* et d'une *sixte majeure* et se chiffre ainsi +4.

ACCORD DE SEPTIÈME DE DOMINANTE ET SES TROIS RENVERSEMENTS.

XXIX

MODE MAJEUR.

Accord fondamental. 1er renvt. 2e renvt. 3e renvt.

$\underset{+}{7}$ $\begin{smallmatrix}6\\5\end{smallmatrix}$ +6 +4

MODE MINEUR.

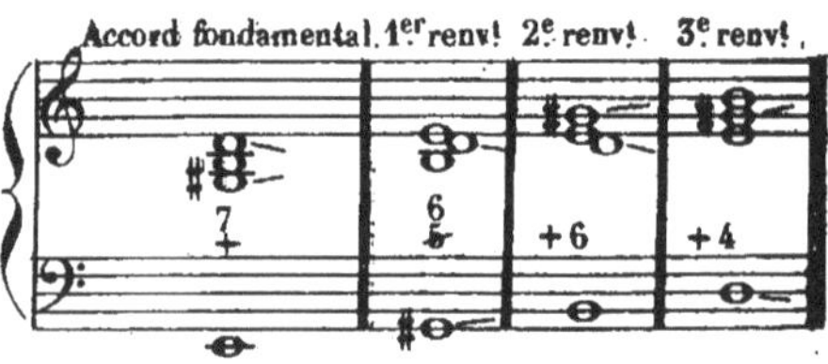

Leçon à quatre voix sur l'accord de septième de dominante et ses renversements, avec sa résolution naturelle.

Dans cet ouvrage qui, je l'ai déjà dit, ne peut avoir la prétention d'être un traité complet d'harmonie, je n'ai indiqué, dans l'exercice ou la leçon à trois ou quatre voix qui suit immédiatement la théorie, que la résolution *naturelle* des accords renfermant des notes à mouvement obligé. L'étude de l'harmonie apprendra plus tard à l'élève toutes les résolutions *exceptionnelles* que chaque accord comporte.

Leçon à trois voix sur l'accord de septième de dominante et ses renversements.

1
2
3
p
mzf
f

1
2
3
p
mzf
pp
f

DES CADENCES.

On donne le nom de *cadences* (du verbe latin *cadere*, tomber) à la terminaison d'une phrase musicale amenant un repos final ou momentané.

Les mouvements de la basse indiquant les diverses ponctuations de chaque phrase musicale donnent lieu à six espèces de cadences.

1°. **Cadence parfaite**; 2°. **Cadence à la dominante** ou *demi-cadence*; 3°. **Cadence imparfaite** ou *cadence interrompue*; 4°. **Cadence rompue**; 5°. **Cadence évitée**; 6°. **Cadence plagale**.

CADENCE PARFAITE.

Le mouvement, à la basse, de la *dominante* à l'accord parfait de la *tonique*, d'un mode majeur ou mineur, que cette *dominante* porte l'*accord parfait majeur* (comme dans le 1er exemple suivant) ou l'accord de *septième de dominante* (comme dans le 2e exemple), s'appelle **cadence parfaite**. Cette cadence donne un sens terminé à la phrase musicale.

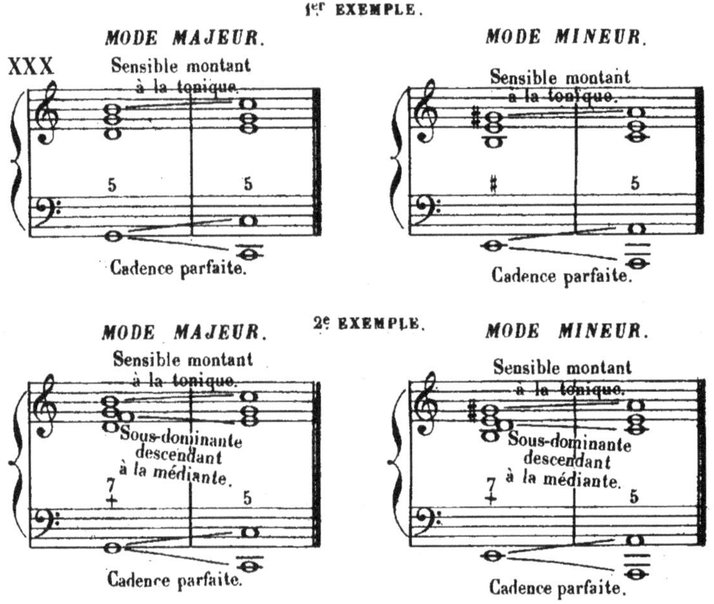

CADENCE À LA DOMINANTE.

Le mouvement de l'accord parfait de la *tonique* à l'accord parfait de la *dominante*, s'appelle **cadence à la dominante**, *demi-cadence* ou mieux encore **repos à la dominante**. Cette cadence donne à la phrase musicale le sentiment d'un repos momentané.

CADENCE IMPARFAITE.

Le mouvement de l'accord parfait de la *dominante* à l'accord de sixte de la *médiante* s'appelle **cadence imparfaite** ou *cadence interrompue*. Cette cadence donne à la phrase musicale le sentiment d'un repos incomplet appelant à sa suite une conclusion finale.

XXXII *MODE MAJEUR.*

Dominante. Médiante.

MODE MINEUR.

Dominante. Médiante.

CADENCE ROMPUE.

Le mouvement de l'accord parfait de la *dominante* sur le sixième degré de la gamme s'appelle **cadence rompue**. Si ce sixième degré porte l'accord parfait, cette cadence donne à la phrase musicale le sens d'un repos incident, suspensif. Cette cadence pourrait se faire avec l'accord de sixte sur le sixième degré, mais alors le sentiment du repos serait détruit. L'effet de la *cadence rompue* est de *rompre* d'une manière inattendue le sens musical de la phrase.

XXXIII *MODE MAJEUR.*

Dominante. Sus-dominante. Avec l'accord de sixte.

MODE MINEUR.

Dominante. Sus-dominante. Avec l'accord de sixte.

Dans le mouvement de la *cadence parfaite*, de la *cadence imparfaite* et de la *cadence rompue* la note sensible tend toujours à monter à la tonique. On fait parfois une exception à cette tendance harmonique, soit pour compléter l'harmonie, soit pour obtenir un meilleur redoublement d'intervalle, surtout lorsque la note sensible se trouve dans une partie intermédiaire et par conséquent moins à découvert.

CADENCE ÉVITÉE.

Le mouvement de l'accord de septième de dominante sur un autre accord de septième de dominante, lorsque la basse monte de quarte ou descend de quinte, s'appelle **cadence évitée**. Dans la *cadence évitée* le second accord de septième de dominante, en faisant entendre une tonalité nouvelle, *évite* la résolution naturelle que le premier accord de septième de dominante avait fait pressentir.

XXXIV

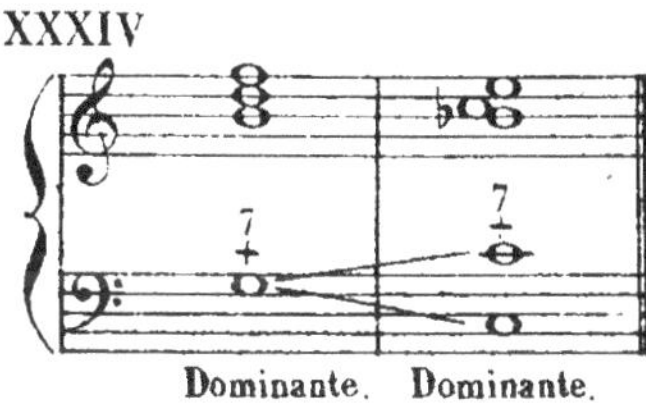

Dominante. Dominante.

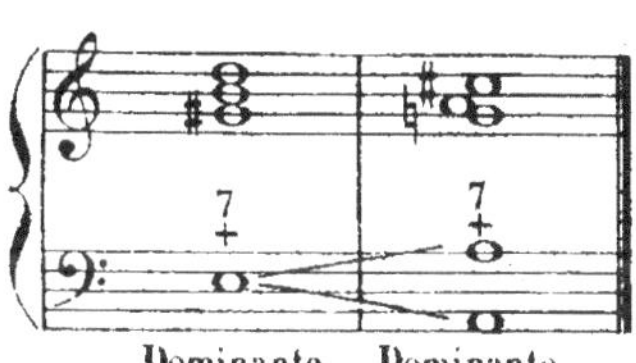

Dominante. Dominante.

CADENCE PLAGALE.

Le mouvement de l'accord parfait de la *sous-dominante* **sur l'accord parfait de la tonique** s'appelle **cadence plagale**. **Cette cadence ne faisant point entendre la note sensible a un sens** tonal moins déterminé que la cadence parfaite; **aussi ne l'emploie-t-on généralement à la fin** d'un morceau qu'après cette dernière cadence.

XXXV *MODE MAJEUR.* *MODE MINEUR.*

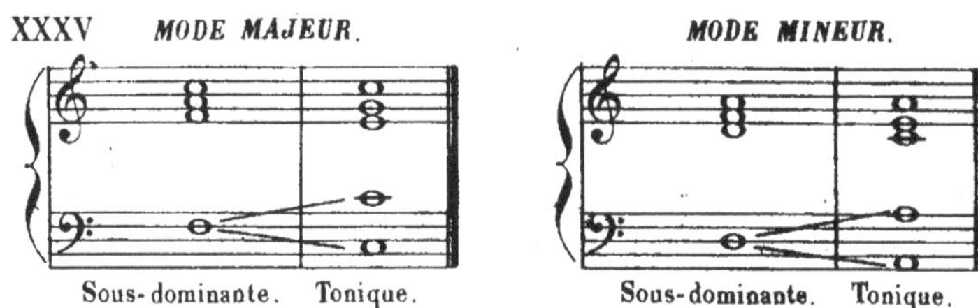

La cadence plagale s'emploie surtout dans la musique religieuse et souvent, si le morceau est en *mineur,* **on conclut avec l'accord parfait majeur. Ce repos final est d'un très grand effet.**

On donne vulgairement à la tierce majeure venant, dans la cadence plagale et sur le dernier accord de tonique, faire entendre l'accord majeur dans un morceau en mineur, le nom de ***tierce picarde,*** **sans autre raison probablement que cette cadence a d'abord été employée en Picardie.**

XXXVI *MODE MAJEUR.* *MODE MINEUR.* *MODE MINEUR terminant en MAJEUR.*

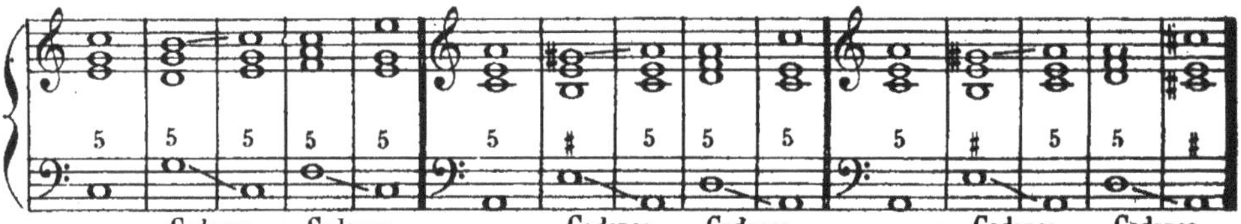

5 5 5 5 5 5 ♯ 5 5 5 5 ♯ 5 5 ♯

Cadence parfaite. Cadence plagale. Cadence parfaite. Cadence plagale. Cadence parfaite. Cadence plagale.

Leçon à trois voix sur les diverses cadences.

Andantino. (♩= 88)

1re 2e 3e

p

Repos à la dominante.

№ 30.

Andantino.

p

Cadence parfaite.

Repos à la dominante.

Cadences imparfaites. Cadence parfaite.

Repos à la dominante.

Cadences imparfaites. Cadence rompue.

Cadence parfaite.

Cadence parfaite.

Repos à la dominante.

Cadence évitée. Cadence parfaite. Cadence évitée. Cadence parfaite. Cadence parfaite. Cadences imparfaites.

Cadences imparfaites.

Cadence rompue. Cadence parfaite. Cadence rompue. Cadence parfaite. Cadences plagales.

ACCORD DE SEPTIÈME DE SENSIBLE.

L'accord de ***septième de sensible*** est ainsi appelé parce qu'il se pose sur le septième degré (note sensible) de la gamme du mode majeur. Il est composé d'une ***tierce mineure***, d'une ***quinte diminueé*** et d'une ***septième mineure*** et se chiffre ainsi $^{7}_{\not 5}$.

Trois notes de cet accord ont, dans leur enchaînement avec l'accord suivant, un **mouvement obligé**. La ***note de basse*** (qui est la note sensible) doit monter d'un degré; la ***quinte diminuée*** (qui forme avec la note fondamentale de l'accord une consonnance attractive) doit descendre d'un degré ainsi que la ***septième*** (qui est la dissonnance).

L'accord de ***septième de sensible*** a trois renversements:

Le premier renversement, appelé accord de ***quinte et sixte sensible***, se pose sur le second degré de la gamme majeure, il est composé d'une ***tierce mineure***, d'une ***quinte juste*** et d'une ***sixte majeure*** et se chiffre ainsi $^{+6}_{5}$.

Le second renversement, appelé accord de ***triton et tierce majeure*** se pose sur le quatrième degré de la gamme majeure, il est composé d'une ***tierce majeure***, d'une ***quarte augmentée*** et d'une ***sixte majeure*** et se chiffre ainsi $^{+4}_{3}$.

Le troisième renversement, appelé accord de ***seconde sensible***, se pose sur le sixième degré de la gamme majeure, il est composé d'une ***seconde majeure***, d'une ***quarte juste*** et d'une ***sixte mineure*** et se chiffre ainsi $^{4}_{+2}$.

Nous avons déjà dit qu'en harmonie la ***petite croix*** + représente la ***note sensible***. Nous complétons cette explication par ce qui suit: Une + placée devant un chiffre indique que l'intervalle représenté par le chiffre est la sensible du ton; la croix (+) placée sous le chiffre 7 comme dans l'accord de ***septième de dominante*** $^{7}_{+}$ indique que la tierce de la basse est la note sensible. (1)

Pour que les 1.er et 2.e renversements de cet accord soient plus doux à l'oreille, il faut, dans leur emploi, laisser à ***distance de septième*** la note de basse et la septième de l'accord fondamental. Enfin dans le troisième renversement il est nécessaire de ***préparer la dissonnance*** en faisant entendre la basse de cet accord comme basse de l'accord qui précède.

On appelle **préparer une dissonnance** faire entendre, dans l'accord précédent et dans la même partie, la note qui va être dissonnante. On appelle **résoudre une dissonnance** (quelques auteurs disent ***sauver*** au lieu de ***résoudre***) faire descendre la dissonnance d'un degré sur l'accord suivant.

XXXVII

ACCORD DE SEPTIÈME DE SENSIBLE ET SES TROIS RENVERSEMENTS.

Accord fondamental. 1.er renv.t 2.e renv.t 3.e renv.t — $^{7}_{\not 5}$ $^{+6}_{5}$ $^{+4}_{3}$ $^{4}_{+2}$

Plus doux. 1.er renv.t 2.e renv.t 3.e renv.t — 7.me 7.me — $^{+6}_{5}$ $^{+4}_{3}$ 5 $^{4}_{+2}$

Préparation.

(1) Dans les anciens traités d'harmonie et dans les anciens solfeges on se servait de la croix (+) pour indiquer les intervalles augmentés. On a renoncé, avec raison, à ce moyen afin que ce signe ne fut pas employé dans deux acceptions différentes, ce qui faisait confusion pour l'élève. On ne l'emploie plus que pour indiquer la *note sensible* et l'on indique les *intervalles augmentés* en mettant devant le chiffre le signe d'altération nécessaire.

Leçon à quatre voix sur l'accord de septième de sensible et ses renversements, avec sa résolution naturelle.

N° 31.

3

Leçon à trois voix sur l'accord de septième de sensible et ses renversements.

1
2
3
mzf
f
mzf

1
2
3
mzf
p
f

Je répéterai, une dernière fois, que, dans cet ouvrage, l'exercice ou la leçon qui suit la théorie de chaque nouvel accord n'indique que sa *résolution naturelle.* Lorsque l'élève aura travaillé avec soin l'harmonie, étude indispensable pour faire un artiste et sans laquelle il n'y a pas d'éducation musicale complète, il connaîtra toutes les *résolutions exceptionnelles* que chaque accord peut comporter.

ACCORD DE SEPTIÈME DIMINUÉE.

L'accord de *septième diminuée* tire son nom de la nature même de la septième qui est *diminuée* au lieu d'être *mineure* ou *majeure.* Il se pose sur le septième degré (note sensible) de la gamme du mode mineur. Il est composé d'une *tierce mineure,* d'une *quinte diminuée* et d'une *septième diminuée* et se chiffre ainsi 7.

Trois notes de cet accord ont, dans leur enchaînement avec l'accord suivant, un **mouvement obligé.** La *note de basse* (qui est la note sensible) doit monter d'un degré; la *quinte diminuée* (qui forme avec la note fondamentale de l'accord une consonnance attractive) doit descendre d'un degré; la *septième* (qui est la dissonnance) doit descendre d'un degré.

L'accord de *septième diminuée* a trois renversements.

Le premier renversement, appelé accord de *quinte diminuée et sixte sensible,* se pose sur le second degré de la gamme mineure; il est composé d'une *tierce mineure,* d'une *quinte diminuée* et d'une *sixte majeure* et se chiffre ainsi $^{+6}_{5}$.

Le second renversement, appelé *accord de triton et tierce mineure,* se pose sur le quatrième degré de la gamme mineure; il est composé d'une *tierce mineure,* d'une *quarte augmentée* et d'une *sixte majeure* et se chiffre ainsi $^{+4}_{3}$.

Le troisième renversement, appelé accord de *seconde augmentée,* se pose sur le sixième degré de la gamme mineure; il est composé d'une *seconde augmentée,* d'une *quarte augmentée* et d'une *sixte majeure* et se chiffre ainsi +2.

Cet accord, de septième est un des plus harmonieux que l'oreille puisse entendre.

ACCORD DE SEPTIÈME DIMINUÉE ET SES RENVERSEMENTS.

XXXVIII

Accord fondamental. 1er renversement. 2e renversement. 3e renversement.

7 — $^{+6}_{5}$ — $^{+4}_{3}$ — +2

Leçon à quatre voix sur l'accord de septième diminuée et ses renversements, avec sa résolution naturelle.

1
2
3
4
p

Leçon à trois voix sur l'accord de septième diminuée et ses renversements.

ACCORD DE SEPTIÈME DE DOMINANTE, SEPTIÈME DE SENSIBLE et SEPTIÈME DIMINUÉE SUR TONIQUE.

Les accords de *septième de dominante* 7+, *septième de sensible* 7/5 et *septième diminuée* 7, se placent parfois sur la tonique du mode auquel ils appartiennent au lieu d'être placés sur leur fondamentale naturelle.

Ce changement de la note de basse ne produit pas un accord nouveau, c'est à dire une nouvelle succession de tierces superposées. La tonique ne fait pas partie intégrante de l'accord et n'est que le changement momentané, à la basse, de la note fondamentale.

ACCORD DE SEPTIÈME DE DOMINANTE SUR TONIQUE.

L'accord de *septième de dominante sur tonique* se pose seulement sur le 1.er degré de la gamme majeure ou mineure. C'est l'accord de septième de dominante placé momentanément sur la *tonique* au lieu de l'être comme d'habitude, sur sa note fondamentale, la *dominante*.

Cet accord est composé d'une *seconde majeure*, d'une *quarte juste*, d'une *quinte juste* et d'une *septième majeure* et se chiffre ainsi +7. La + est placée devant le 7 et non dessous parce que c'est la septième de la basse qui sera la note sensible et non la tierce.

Les notes à **mouvement obligé** dans l'accord de septième de dominante doivent obéir à ce mouvement dans l'accord de septième de dominante sur tonique. Cet accord, ou pour mieux dire cette nouvelle combinaison des sons, ne peut avoir de renversements puisqu'il n'existe qu'autant que la tonique est placée à la basse.

XXXIX

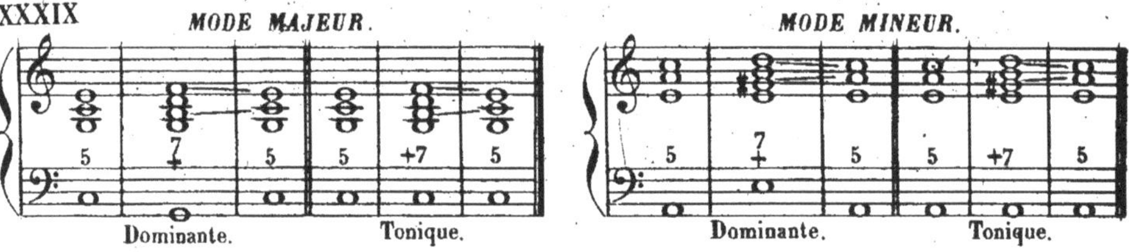

Exercice à quatre voix sur l'accord de septième de dominante sur tonique.

ACCORD DE SEPTIÈME DE SENSIBLE SUR TONIQUE.

L'accord de *septième de sensible sur tonique* se pose seulement sur le 1.er degré de la gamme majeure. C'est l'accord de septième de sensible placé momentanément sur la *tonique* au lieu de l'être, comme d'habitude, sur sa note fondamentale, la *sensible*.

Cet accord est composé d'une *seconde majeure*, d'une *quarte juste*, d'une *sixte majeure* et d'une *septième majeure* et se chiffre ainsi $\genfrac{}{}{0pt}{}{+7}{6}$. Il faut, dans l'emploi de cet accord, laisser à *distance de septième* la note de basse et la septième de l'accord fondamental, comme cela a déjà été expliqué au chapitre de la septième de sensible.

Les notes à **mouvement obligé** dans l'accord de septième de sensible doivent obéir à ce mouvement dans l'accord de septième de sensible sur tonique. Cet accord, comme l'accord précédent, ne peut avoir de renversements puisqu'il n'existe qu'autant que la tonique est placée a la basse.

XL *MODE MAJEUR.*

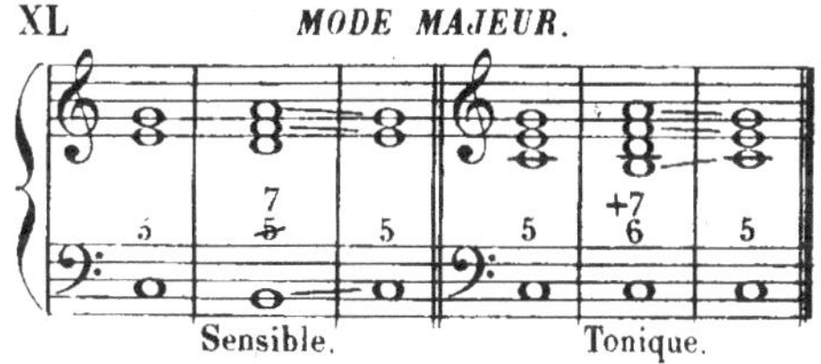

Exercice à quatre voix sur l'accord de septième de sensible sur tonique.

L' accord de *septième diminuée sur tonique* se pose seulement sur le 1.er degré de la gamme mineure. C'est l'accord de septième diminuée placé momentanément sur la *tonique* au lieu de l'être, comme d'habitude, sur sa note fondamentale, la *sensible.*

Cet accord est composé d'une *seconde majeure,* d'une *quarte juste,* d'une *sixte mineure* et d'une *septième majeure* et se chiffre ainsi $\overset{+7}{6}$.

Les notes à **mouvement obligé**, dans l'accord de septième diminuée, doivent obéir à ce mouvement dans l'accord de septième diminuée sur tonique. Cet accord, comme les deux accords précédents, ne peut avoir de renversements puisqu'il n'existe qu'autant que la tonique est placée à la basse.

XLI. *MODE MINEUR.*

5
7
5
5
+7
6
5
Sensible.
Tonique.

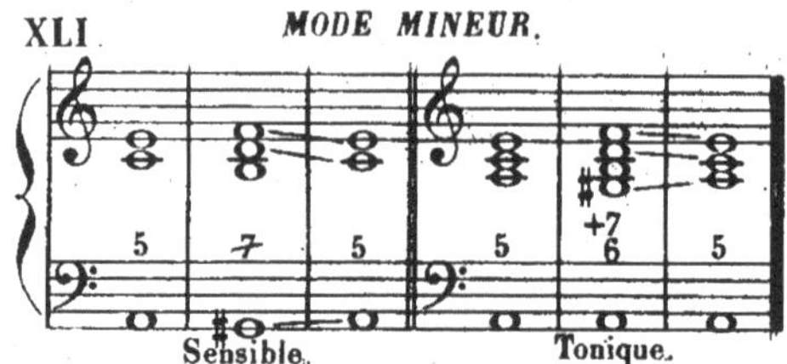

Exercice à quatre voix sur l'accord de septième diminuée sur tonique.

N° 37.

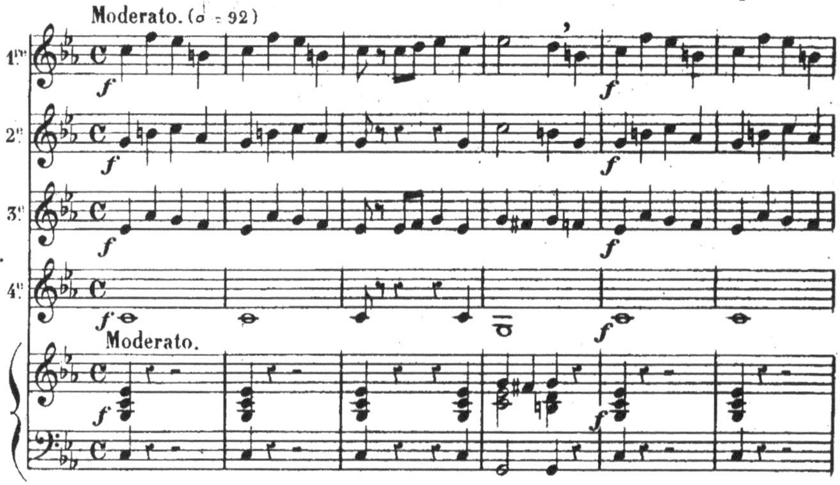
Moderato. (𝅗𝅥 = 92)
1re
2e
3e
4e
Moderato.

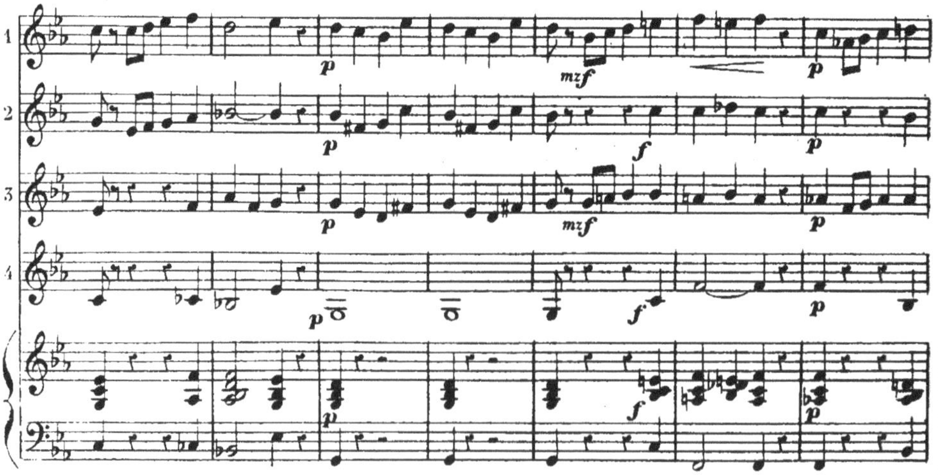
1
2
3
4

1
2
3
4
mzf
f
p
<>

ACCORD DE NEUVIÈME MAJEURE DE DOMINANTE.

L'accord de *neuvième majeure de dominante* se pose sur le cinquième degré de la gamme majeure. Il est composé d'une *tierce majeure*, d'une *quinte juste*, d'une *septième mineure* et d'une *neuvième majeure* et se chiffre ainsi $\begin{smallmatrix}9\\7\\+\end{smallmatrix}$.

Quatre notes de cet accord, à son état fondamental et dans sa résolution naturelle, ont, dans leur enchaînement avec l'accord suivant, un **mouvement obligé**. La note de basse tend à monter à sa tonique, la tierce qui est la note sensible doit monter d'un degré, la septième et la neuvième qui sont deux dissonnances doivent descendre d'un degré.

Dans l'emploi de cet accord ou de ses renversements la tierce et la neuvième doivent toujours être placées à distance de septième. La neuvième doit également être toujours à distance de neuvième de la note fondamentale.

Les renversements de cet accord étant très rarement employés et le dernier même ne pouvant se faire puisque l'intervalle de neuvième n'est pas renversable, nous ne faisons que les indiquer dans l'exemple suivant sans en parler avec plus de détails. Dans les renversements praticables la dominante n'est pas tenue à aller à sa tonique.

MODE MAJEUR.

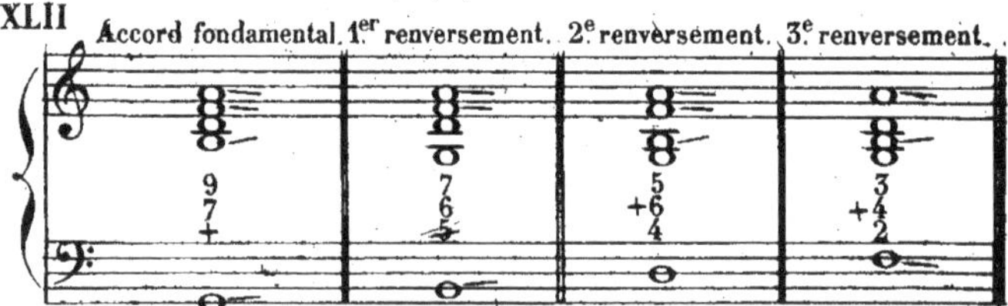

Exercice à quatre voix sur l'accord de neuvième majeure de dominante.

1
2
3
4
1
2
3
4

ACCORD DE NEUVIÈME MINEURE DE DOMINANTE.

L'accord de *neuvième mineure de dominante* se pose sur le cinquième degré de la gamme mineure. Il est composé d'une *tierce majeure*, d'une *quinte juste*, d'une *septième mineure* et d'une *neuvième mineure* et se chiffre ainsi $\begin{smallmatrix}9\\7\\+\end{smallmatrix}$.

Quatre notes de cet accord, à son état fondamental et dans sa résolution naturelle, ont dans leur enchainement avec l'accord suivant, un **mouvement obligé**. La note de basse tend à monter à sa tonique, la tierce qui est la note sensible doit monter d'un degré, la septième et la neuvième qui sont deux dissonnances doivent descendre d'un degré.

Les renversements de cet accord étant très rarement employés et le dernier ne pouvant se faire, ainsi que cela a été expliqué à l'accord de *neuvième majeure de dominante* qui précède, nous les indiquons seulement dans l'exemple suivant.

Dans les renversements de cet accord la neuvième doit toujours être à distance de neuvième de la note fondamentale et la dominante n'est pas tenue à monter à sa tonique.

MODE MINEUR.

XLIII Accord fondamental. 1er renversement. 2e renversement. 3e renversement.

Exercice à quatre voix sur l'accord de neuvième mineure de dominante.

1
2
3
4
f
mzf

ACCORDS DE NEUVIÈME MAJEURE DE DOMINANTE et de NEUVIÈME MINEURE DE DOMINANTE SUR TONIQUE.

Les accords de *neuvième majeure de dominante* et de *neuvième mineure de dominante* peuvent comme les accords de septième de dominante, de septième de sensible et de septième diminuée se poser sur la *tonique* au lieu de l'être sur leur note fondamentale la dominante.

Les notes à mouvement obligé dans les accords de neuvième majeure de dominante et de neuvième mineure de dominante doivent également obéir à ces mouvements lorsque ces accords sont placés sur la tonique. Dans ce cas ces deux accords ne peuvent avoir de renversements, puisqu'ils n'existent qu'autant que la tonique est placée à la basse. Ces accords sont rarement employés

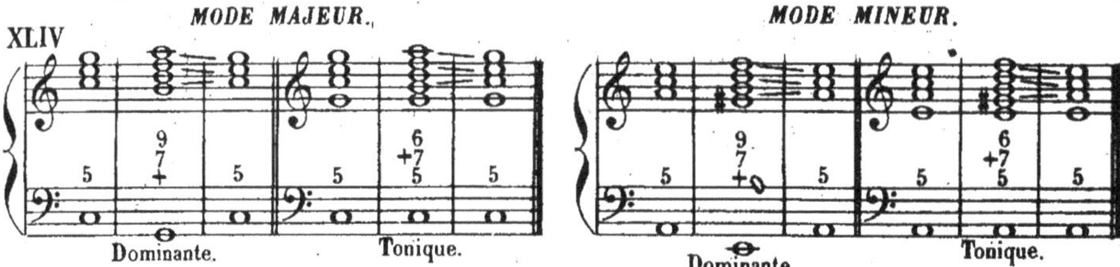

ACCORDS DE SEPTIÈME MAJEURE, de SEPTIÈME MINEURE, de SEPTIÈME MINEURE ET QUINTE DIMINUÉE obtenus par PROLONGATION.

On comprend que dans cet ouvrage, qui n'est point un traité d'harmonie, nous ne puissions nous appesantir sur tous les accords. Nous ne ferons donc qu'indiquer sommairement les accords ci-dessus.

On appelle accords par prolongation les accords dissonnants obtenus *artificiellement* en prolongeant une des notes de l'accord précédent (laquelle note leur est étrangère) sur l'*accord parfait majeur*, l'*accord parfait mineur* et l'accord de *quinte diminuée*. Par suite de cette prolongation, ces trois accords, de *consonnants* qu'ils étaient, deviennent momentanément *dissonnants*.

L'accord de *septième majeure* n'est autre que l'*accord parfait majeur* auquel on a ajouté une septième. Il se chiffre ainsi 7.

L'accord de *septième mineure* n'est autre que l'*accord parfait mineur* auquel on a ajouté une septième. Il se chiffre ainsi 7.

L'accord de *septième mineure et quinte diminuée* n'est autre que l'accord de *quinte diminuée* qui se place sur le 2e degré de la gamme mineure auquel on a ajouté une septième. Il se chiffre ainsi $\frac{7}{5}$.

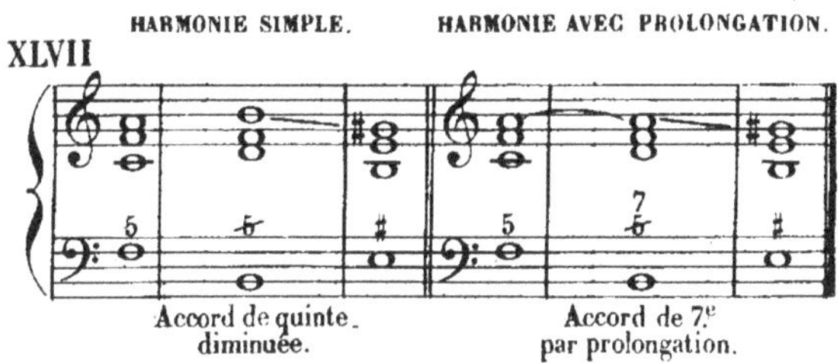

Accord de quinte diminuée. Accord de 7e par prolongation.

Chacun de ces trois accords de septième, obtenus artificiellement, a trois renversements, et en pratique, qu'ils soient présentés à l'état fondamental ou renversé, la septième qui est une dissonance doit être préparée dans l'accord qui précède et se résoudre dans l'accord qui suit, ainsi que les trois exemples ci-dessus l'indiquent.

Des trois accords qui précèdent nous allons, par un exercice à quatre voix, indiquer d'une manière plus particulière:

1° l'accord de *septième mineure,* placé sur le *second degré de la gamme majeure,* parce que son emploi, à l'état fondamental ou renversé, est très fréquent dans les formules des diverses cadences du mode majeur. Cet accord est même désigné dans plusieurs traités d'harmonie sous le nom d'accord de *septième de seconde, mode majeur.*

FORMULE DE CADENCE PARFAITE, MODE MAJEUR.

XLVIII

Accord parfait mineur. Accord de 7e mineure.

2° l'accord de *septième mineure et quinte diminuée,* placé sur le *second degré de la gamme mineure,* cet accord, comme le précédent, étant d'un emploi presque constant, à l'état fondamental ou renversé, dans les formules des diverses cadences du mode mineur. (Dans plusieurs traités d'harmonie cet accord est désigné sous le nom d'accord de *septième de seconde, mode mineur* ou d'accord de *septième mixte*)

FORMULE DE CADENCE PARFAITE, MODE MINEUR.

XLIX

Accord de quinte diminuée. Accord de 7e mineure et 5e diminuée.

Exercice sur l'accord de septième mineure placé sur le 2e degré de la gamme majeure.

N° 40.

Exercice sur l'accord de septième mineure et quinte diminuée placé sur le 2e degré de la gamme mineure.

№ 41.

On remarquera que les quatre notes ou intervalles, formant l'accord de *septième mineure et quinte diminuée* placé sur le 2e degré de la gamme mineure, sont les mêmes que dans l'accord de *septième de sensible* placé sur le septième degré de la gamme majeure. Trois points essentiels font toutefois distinguer aisément ces deux accords l'un de l'autre. 1° la différence du mode et du degré où ils se placent dans chaque gamme; 2° la nécessité de préparer la dissonnance dans l'accord de septième mineure et quinte diminuée, ce qui n'est nullement obligatoire pour l'accord de septième de sensible; 3° le *mouvement obligé* de la note basse qui n'existe que pour l'accord de septième de sensible.

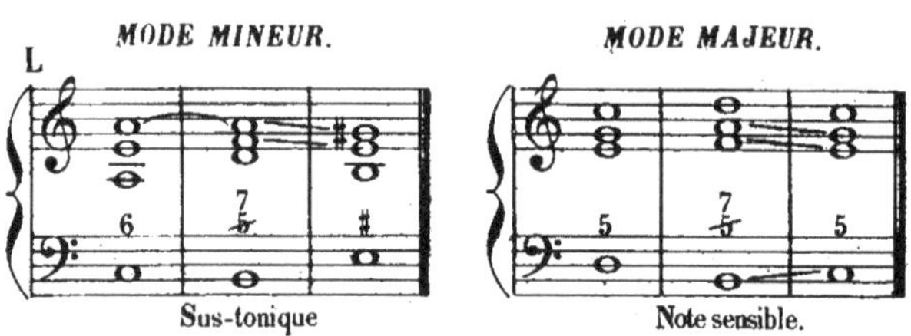

DES RETARDS.

Comme nous l'avons fait dans le chaoitre précédent pour les accords obtenus artificiellement par **prolongation**, nous allons indiquer sommairement les accords obtenus, artificiellement aussi, par des **retards**, nous bornant, dans cet ouvrage, aux retards simples les plus usités dans l'*accord parfait majeur*, l'*accord parfait mineur*, l'*accord de quinte diminuée* et les *renversements* de ces trois accords. Les traités spéciaux d'harmonie indiquent tous les retards praticables dans les accords consonnants ou dissonnants.

Le *retard* s'obtient en retardant une note d'un accord par la prolongation d'une note de l'accord qui le précède. Le retard produit une dissonnance passagère qui doit être préparée et se résoudre, en descendant d'un degré, sur la note qui a été retardée.

Les retards ne produisent pas des accords fondamentaux nouveaux, ils ne font que retarder une ou plusieurs notes d'un accord fondamental ou des renversements de ce même accord et ils tirent leurs noms d'un ou de plusieurs des intervalles qui le composent.

ACCORDS DE QUINTE ET QUARTE et de QUINTE DIMINUÉE ET QUARTE.

En retardant momentanément la *tierce* par la *quarte* dans les *accords parfaits majeurs et mineurs* on obtient un accord appelé de **quinte et quarte** qui se chiffre ainsi $\frac{5}{4}$, et en retardant également la *tierce* par la *quarte* dans l'accord de *quinte diminuée* on obtient un accord de **quinte diminuée et quarte** qui se chiffre ainsi $\frac{5\!\!/}{4}$.

LI — HARMONIE SIMPLE. — LA MÊME AVEC RETARD. — HARMONIE SIMPLE. — LA MÊME AVEC RETARD. — HARMONIE SIMPLE. — LA MÊME AVEC RETARD.

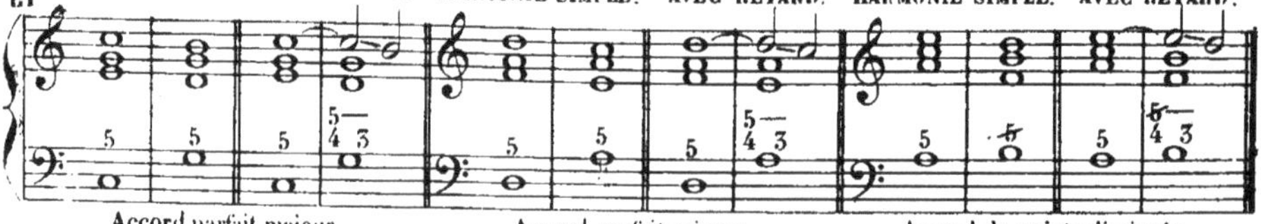

Accord parfait majeur. — Accord parfait mineur. — Accord de quinte diminuée.

Exercice à trois voix sur le retard de la tierce dans les accords parfaits majeurs et mineurs et de quinte diminuée.(1)

(1) Dans les exercices Nos 42, 43, 44, 45, 46 et 47 les notes surmontées d'une + forment *retards*.

ACCORD DE NEUVIÈME.

En retardant momentanément l'*octave* par la *neuvième* dans les *accords parfaits majeurs et mineurs* et dans l'*accord de quinte diminuée* on obtient un accord appelé de *neuvième* qui se chiffre ainsi 9.

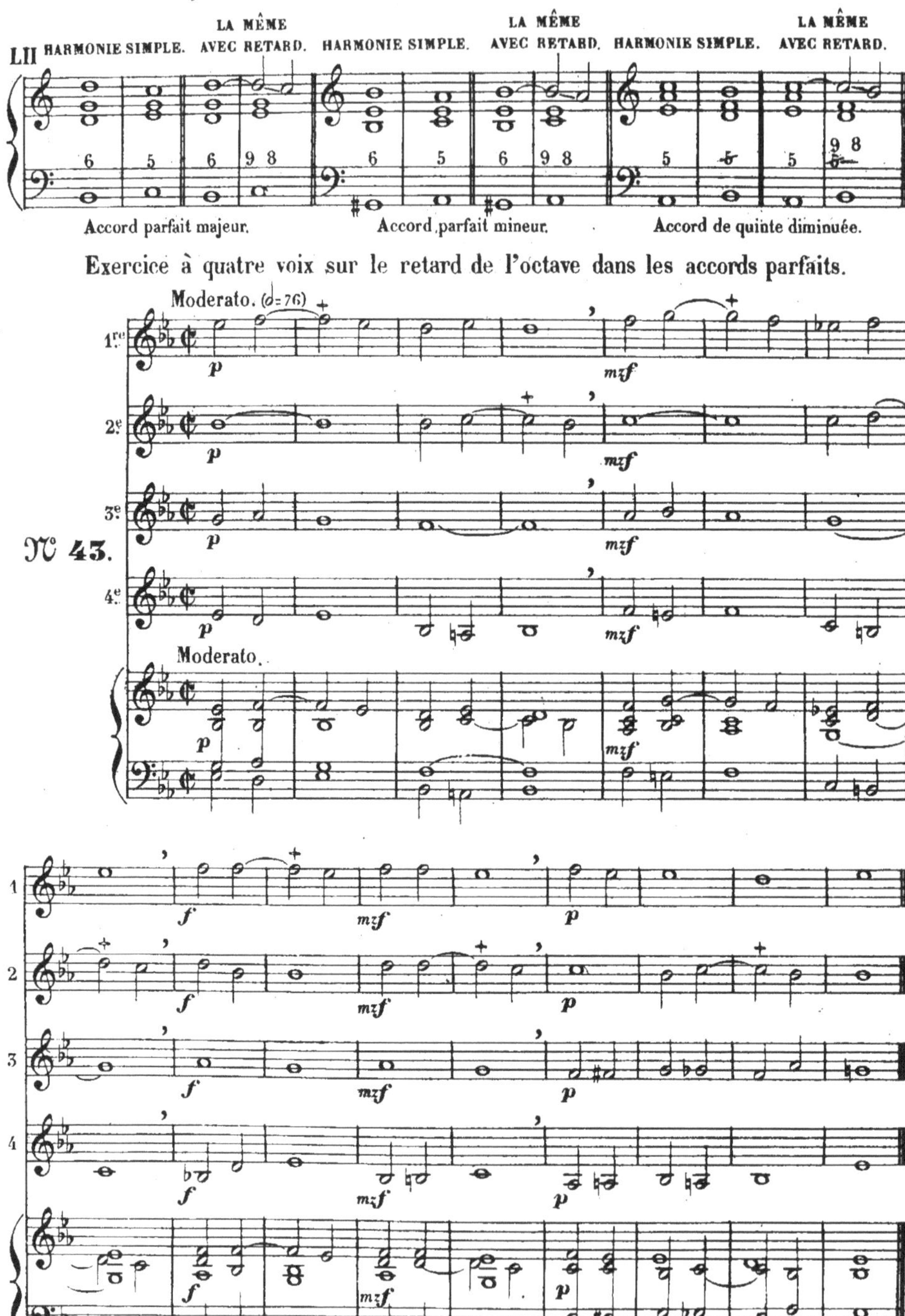

ACCORD DE SECONDE ET QUINTE.

En retardant momentanément la *note de basse* dans le premier renversement des *accords parfaits majeurs et mineurs* et de l'accord de *quinte diminuée* on obtient un accord appelé de *seconde et quinte* qui se chiffre ainsi $\frac{5}{2}$.

Exercice à trois voix sur le retard de la basse dans les accords de sixte.

Moderato. (𝅗𝅥 = 76)

1re 2e 3e

Nº 44.

Moderato.

p mzf

(1)

ACCORD DE SEPTIÈME.

En retardant momentanément la *sixte* par la *septième* dans le premier renversement des *accords parfaits majeurs et mineurs* et de l'accord de *quinte diminuée* on obtient un accord appelé accord de septième qui se chiffre ainsi 7.

Exercice à trois voix sur le retard de la sixte dans les accords de sixte.

N° 45.

Moderato. (𝅗𝅥 = 76)

1re 2e 3e

f *mzf*

Moderato.

f *mzf*

1 2 3

f *mzf*

ACCORD DE SIXTE ET QUINTE SANS TIERCE.

En retardant momentanément la *quarte* par la *quinte* dans le deuxième renversement des *accords parfaits majeurs et mineurs* on obtient un accord appelé de *sixte et quinte sans tierce* qui se chiffre ainsi $\substack{6\\5}$ ou $\substack{6\\5\\8}$ ou $\substack{6\\5\\0}$.

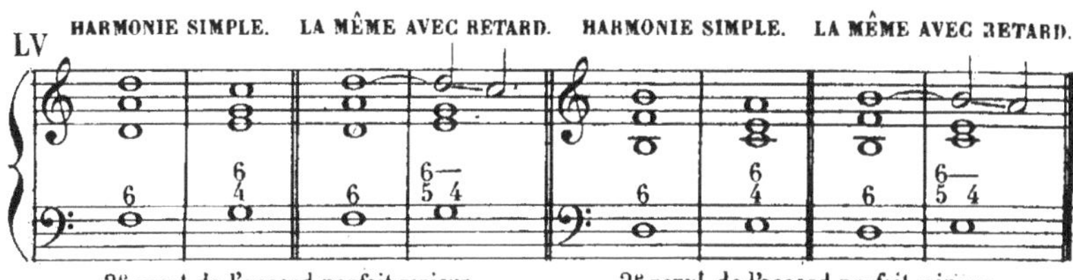

Exercice à trois voix sur le retard de la quarte dans les accords de quarte et sixte.

Moderato. (𝅗𝅥 = 76)

N° 46. 1re 2e 3e

mzf f

Moderato.

mzf f

1 2 3

mzf

ACCORD DE SEPTIÈME ET QUARTE.

En retardant momentanément la *sixte* par la *septième* dans le deuxième renversement des *accords parfaits majeurs et mineurs* on obtient un accord appelé de *septième et quarte* qui se chiffre ainsi $\begin{smallmatrix}7\\4\end{smallmatrix}$.

LVI

2e renvt de l'accord parfait majeur. 2e renvt de l'accord parfait mineur.

Exercice à trois voix sur le retard de la sixte dans les accords de quarte et sixte.

Nº 47. Moderato. (𝅗𝅥 = 76)

1re, 2e, 3e voix ; accompagnement : Moderato.

En résumant les exemples précédents, l'élève comprendra parfaitement que les *retards* produisent artificiellement des accords qui ne sont autres que des accords *parfaits majeurs, parfaits mineurs*, de *quinte diminuée* et *leurs renversements*, dont momentanément une note a été retardée.

Ainsi:

1° le *retard de la tierce* dans les accords *parfaits majeurs* ou *mineurs* et de *quinte diminuée* produit les accords de *quinte et quarte* et de *quinte diminuée et quarte*.

2° le *retard de l'octave* dans ces trois accords produit l'accord de *neuvième*.

3° le *retard de la basse dans l'accord de sixte*, 1er renversement de ces trois accords, produit l'accord de *quinte et seconde*.

4° le *retard de la sixte* dans le 1er renversement de ces trois accords produit l'accord de *septième*.

5º le *retard de la quarte* dans le 2e renversement des accords *parfaits majeurs et mineurs* produit l'accord de *sixte et quinte sans tierce.*

6º le *retard de la sixte* dans le 2e renversement de ces deux accords produit l'accord de *septième et quarte.*

DES NOTES ALTÉRÉES DANS LES DIVERS ACCORDS.

Presque toutes les notes composant les divers accords peuvent, dans leur enchaînement avec l'accord suivant, subir momentanément une altération ascendante ou descendante. Ces mouvements chromatiques ne peuvent avoir lieu qu'entre les notes qui montent ou descendent d'un ton et ces altérations n'étant que passagerès ne nécessitent pas un changement ou une modification dans l'appellation de l'accord.

L'altération chromatique, placée entre deux notes à la distance d'un ton, a une **marche obligatoire**; elle doit monter ou descendre d'un demi-ton afin de continuer le mouvement chromatique commencé.

Dans cet ouvrage les leçons à deux voix du deuxième livre, ayant pour but d'indiquer toutes les modifications d'intervalles que l'on peut obtenir diatoniquement et chromatiquement, renferment un grand nombre d'accords avec altérations. La leçon à quatre voix qui suit, avec ses altérations simples et doubles, fera du reste parfaitement apprécier les modifications momentanément apportées aux divers accords employés par les altérations chromatiques.

Leçon à quatre voix sur les altérations

DE LA PÉDALE.

On appelle pédale un *son prolongé* pendant la durée duquel se succèdent diverses accords qui peuvent être étrangers à cette *note prolongée*. Pourtant le *son prolongé* doit faire partie de l'accord où la *pédale* commence et de celui où elle finit.

Les pédales se font le plus ordinairement sur deux notes, la *tonique* et la *dominante* des gammes majeure ou mineure.

On donne à la pédale le nom de **pédale inférieure, pédale intérieure** et **pédale supérieure** selon que le *son prolongé* se trouve à la basse, dans une partie intermédiaire ou à la partie supérieure.

On peut moduler sur une pédale en considérant le son prolongé tantôt comme tonique tantôt comme dominante.

Les combinaisons de rhythme peuvent faire que la note formant pédale ne soit pas toujours un son soutenu, mais ce sera toujours la même note conservée et répétée dans une même partie.

EXEMPLE.

LVII

Leçon à trois voix sur les pédales inférieure, intérieure et supérieure.

№ 49.

Andantino. (𝅗𝅥.=58)

1re — *p*

2e — *p* — Pédale intérieure de dominante. — *p* — Pédale inférieure de dominante.

3e — *p* — *p*

Andantino. — *p* — *p*

1 — *mzf* — Pédale supérieure de tonique devenant pédale supérieure de dominante.

2 — *mzf*

3 — *mzf*

mzf

Pédale intérieure de dominante.
Pédale intérieure de dominante.
Pédale inférieure de tonique.
Pédale supérieure de tonique.

DE L'ENHARMONIE.

J'ai déjà expliqué dans mon **petit solfége théorique et pratique** (page 167 du solfége avec accompagnement et 77 de l'édition populaire) les *notes synonimes ou enharmoniques* et les *tons enharmoniques*; l'élève fera bien de relire ce chapitre.

En harmonie on emploie souvent l'*enharmonie* pour moduler surtout dans les *tons éloignés* du ton principal. (voir aussi le **petit solfége** page 64 ou 40 pour l'explication théorique et pratique des modulations aux cinq *tons voisins* d'un ton majeur ou mineur.) L'enharmonie, en transformant les accords, donne aux sons qui les composent une nouvelle résolution qui opère le changement de ton.

Les accords les plus favorables pour les modulations enharmoniques sont la *sixte augmentée* avec *triton* ou *quinte juste*, la *septième de dominante* à l'état fondamental et la *septième diminuée*.

Nous prenons pour l'exemple suivant une belle phrase tirée de la 23e leçon du grand solfége de **Cherubini**, solfége dont toutes les pages sont admirables.

DES MARCHES D'HARMONIE.

On appelle *marche d'harmonie* une phrase musicale et un groupe d'accords se reproduisant symétriquement soit en montant soit en descendant. On donne à la première phrase d'une marche d'harmonie le nom de *modèle* et aux phrases qui suivent en la reproduisant le nom de *progression*.

Les marches d'harmonie se divisent en deux espèces; en *marches non modulantes* et en *marches modulantes*.

L'emploi des marches d'harmonie est très fréquent, l'élève en trouvera d'excellents modèles dans le remarquable ouvrage de **Cherubini** intitulé **marches d'harmonie** pratiquées dans la composition.

MARCHE D'HARMONIE NON MODULANTE.

MARCHE D'HARMONIE MODULANTE.

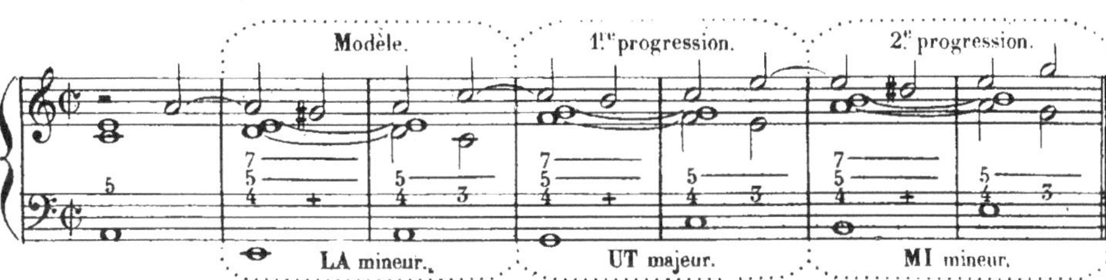

(1)

DES ARTIFICES DE LA MÉLODIE.

NOTES DE PASSAGE, APPOGIATURES, ACCIACCATURES, GRUPPETTI, SYNCOPES, ANTICIPATIONS.

On emploie aussi en harmonie différents artifices mélodiques appelés *notes de passage, appogiatures, acciaccatures, gruppetti; syncopes, anticipations.* Nous renvoyons, pour les explications complètes que ce petit solfége harmonique ne saurait comporter, aux traités d'harmonie et surtout aux exemples tirés des grands maîtres que Mr. **Le Borne** a placés à la fin du remarquable traité de **Catel**. Pour moi je me bornerai à les résumer pratiquement et théoriquement.

DES NOTES DE PASSAGE.

Les *notes de passage* sont des notes étrangères à l'harmonie et que l'on place entre les notes réelles faisant partie de l'accord, les *notes de passage* marchent toujours par degrés conjoints.

DES APPOGIATURES.

Les *appogiatures* sont aussi des notes étrangères aux accords, elles retardent les notes réelles de la mélodie et forment des dissonnances qui n'ont pas besoin de préparation.

Il y a deux espèces d'*appogiatures*, les *inférieures* et les *supérieures*.

Les *appogiatures inférieures* sont généralement placées un demi-ton au dessous de la note réelle.

Les *appogiatures supérieures* sont formées par le degré diatonique supérieur. Les *appogiatures* peuvent marcher par degrés conjoints et par degrés disjoints.

Les *appogiatures* (du verbe italien *appogiare*, appuyer) demandent dans l'exécution une accentuation marquée. On leur donne également le nom de *notes d'appui*.

DES ACCIACCATURES.

L'*acciaccature* (du verbe italien *acciaccare*, écraser) est formée par une ou plusieurs notes de très courte durée qui précèdent la note réelle. Cette espèce d'appogiature, plus ordinairement inférieure que supérieure, s'emploie principalement dans la musique instrumentale à cause de la difficulté d'exécution dans la musique vocale.

DU GRUPPETTO.

Le *gruppetto* est formé par la réunion des appogiatures inférieure et supérieure se groupant sur la note réelle. Le *gruppetto* qui s'écrit presque toujours en petites notes peut être inférieur ou supérieur et précéder ou suivre la note réelle.

DE LA SYNCOPE.

Les notes placées à contre-temps forment de petits retards que l'on appelle *syncopes*. Elles peuvent appartenir également aux notes réelles et aux différentes notes accidentelles.

DES ANTICIPATIONS.

L'*anticipation* consiste à faire entendre avant le temps la note mélodique, ou les intervalles harmoniques d'un accord. Les anticipations appartiennent à l'accord qui suit et non à celui sur lequel elles sont entendues.

mzf
p

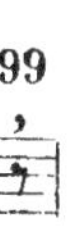

BIBLIOTHÈQUE IMPÉRIALE
IMPR.

Fin du 1er Livre.

www.ingramcontent.com/pod-product-compliance
Ingram Content Group UK Ltd.
Pitfield, Milton Keynes, MK11 3LW, UK
UKHW021309190726
13839UKWH00007B/549